ULRICH KARPEN

Wissenschaftsfreiheit und Hochschulfinanzierung

Schriften zum Öffentlichen Recht

Band 448

Wissenschaftsfreiheit und Hochschulfinanzierung

Überlegungen zu einem effektiveren Mitteleinsatz

Von

Professor Dr. Ulrich Karpen

DUNCKER & HUMBLOT / BERLIN

CIP-Kurztitelaufnahme der Deutschen Bibliothek

Karpen, Ulrich:
Wissenschaftsfreiheit und Hochschulfinanzierung :
Überlegungen zu e. effektiveren Mitteleinsatz /
von Ulrich Karpen. — Berlin : Duncker und Humblot,
1983.
  (Schriften zum öffentlichen Recht ; Bd. 448)
  ISBN 3-428-05390-7
NE: GT

Vorwort

Diese Schrift entstand aus einem Aufsatz, den ich Herrn Professor Dr. Karl Heinrich Friauf LLM zu seinem 50. Geburtstag am 31. 7. 1981 gewidmet habe. Gern erinnere ich hier an diesen Anlaß.

Herrn Professor Dr. Klaus Stern bin ich dafür verbunden, daß er die Drucklegung befürwortet hat; der Gerda Henkel Stiftung danke ich für einen Druckkostenzuschuß, Herrn Senator Professor Dr. Johannes Broermann für die Aufnahme der Arbeit in sein Verlagsprogramm.

U. K.

Inhaltsverzeichnis

Übersicht

1. Hochschulfinanzierung

Die Hochschulen sind die nach Zahl, Umfang und Mitteleinsatz wichtigsten Einrichtungen der wissenschaftlichen Forschung und Lehre in der Bundesrepublik Deutschland. Die Erfüllung ihrer Primäraufgaben hängt mehr denn je von den Mitteln ab. Das lassen die finanziellen Restriktionen der jüngsten Zeit, die engmaschigen Regelungen der Haushaltsführung sowie die staatliche Veranschlagungspraxis der jüngsten Zeit immer deutlicher erkennen[1].

In Zeiten der Baisse wird auch spürbarer, in welchem Ausmaß die Hochschulen Faktoren des Wirtschaftslebens sind. Hochschulen in allen hochentwickelten Ländern sind Großorganisationen mit z. T. zehntausenden Studenten, Tausenden von Mitarbeitern und Etats von z. T. über 500 Mio. DM; sie sind wesentliche Elemente der Infrastruktur[2] des Landes; ihre Arbeit wird in Forschung und Lehre zunehmend auch von Gesichtspunkten des gesellschaftlichen Bedarfs geprägt. Je weiter diese Entwicklung voranschreitet, desto stärker sind die Hochschulen von kontinuierlicher Finanzierung abhängig und der selbstverständlichen und legitimen Forderung des wirtschaftlichen Einsatzes dieser Mittel unterworfen. Wirtschaftlicher Mitteleinsatz bedeutet, daß die ihnen zur Verfügung gestellten Mittel so verwandt werden müssen, daß ein Höchstmaß an Leistungen in Forschung und Lehre erbracht wird[3]. Die Verwaltung der Mittel, ihre Veranschlagung und die Ausführung des Hochschulhaushaltes sind Sekundäraufgaben der Hochschule, die Entscheidung über den richtigen Mitteleinsatz ist eine Teilfunktion der Erfüllung dieser Aufgabe.

Forschung und Lehre in den Hochschulen werden aus drei Quellen finanziert:

---

[1] *Schuster*, H. J., Haushaltsrecht, in: HdbWissR, Berlin, Heidelberg, New York 1982, S. 327 - 355 (328).

[2] *Frey*, René L., Infrastruktur, Grundlagen der Planung öffentlicher Investitionen, 2. Aufl., Tübingen, Zürich 1972, S. 11 f.; *Jochimsen*, R., Theorie der Infrastruktur, Grundlagen der marktwirtschaftlichen Entwicklung, Tübingen 1966, S. 35 f.; *Mäding*, H., Infrastrukturplanung im Verkehrs- und Bildungssektor, Baden-Baden 1978, S. 217 f.; *Watrin*, Ökonomische Aspekte des Hochschulwesens, in: HdbWissR, S. 227 - 248 (228).

[3] Wissenschaftsrat, Empfehlungen zur Forschung und zum Mitteleinsatz in den Hochschulen, verabschiedet am 6. Juli 1979, S. 50.

— zunächst zum ganz überwiegenden Teil aus den staatlichen Etats, welche die Länder aufstellen;

— sodann aus „Drittmitteln", welche (vorwiegend) von der Deutschen Forschungsgemeinschaft, Ressorts des Bundes und der Länder, Stiftungen, privaten Wirtschaftsunternehmen u. ä. bereitgestellt werden;

— letztlich (in geringem Umfang) aus Körperschaftsmitteln der Hochschulen selbst.

2. Organisation und Verfahren

Über den Einsatz dieser Mittel entscheiden mit — je nach Mittelart — unterschiedlicher Verantwortung der Staat und die Hochschule, i. d. R. beide in vielfältigen Formen der Zusammenarbeit. An den Entscheidungen sind innerhalb der Hochschulen die Leitungs- und Kollegialorgane sowohl der zentralen wie der fachlichen Ebene mit vielfältigen Ausschüssen, Kommissionen etc. beteiligt; das Verfahren des Mitteleinsatzes läuft in vielen Stufen von der Budgetierung über die Verteilung und Bewirtschaftung bis zur Rechnungskontrolle.

Gegenstand der folgenden Untersuchung sind dabei vor allem die rechtlichen Aspekte von Organisation und Verfahren der Mittelverwendung, wobei jedoch die verwaltungswissenschaftlichen nicht ganz außer Betracht gelassen werden können. Für die Analyse des rechtlichen Rahmens sind das Grundgesetz — insbesondere dessen Art. 5 III — und die Landesverfassungen ebenso heranzuziehen wie das Hochschulrahmengesetz des Bundes vom 26. 1. 1976[4], wie die Landeshochschulgesetze der Länder[5]. Das Satzungsrecht der Hochschulen spielt angesichts des dichten Gesetzesnetzes eine immer geringer werdende Rolle, auch für Fragen der Finanzverfassung der Hochschulen[6], so daß es im folgenden weitgehend vernachlässigt werden kann. Wichtig sind das Haushaltsgrundsätzegesetz des Bundes[7] und die Haushaltsordnungen des Bundes[8] und der Länder[9]. Beachtet werden müssen vor allem die besonderen Haushaltsvorschriften, welche die meisten Landeshochschulgesetze ent-

---

[4] BGBl. I, 185.

[5] Nachweise in *Campenhausen*, Axel Frhr. von / *Lerche*, Peter, Deutsches Schulrecht, Sammlung des Schul- und Hochschulrechtes des Bundes und der Länder, 3 Bände, Percha, Stand: 1. 3. 1982.

[6] Dazu jetzt *Karpen*, Die Finanzverfassung der Hochschulen angesichts der gegenwärtigen Haushaltslage, Verwaltungsarchiv, 73. Band, 1982, Heft 4, S. 405 - 437.

[7] Vom 19. 08. 69 (BGBl. I, 1273).

[8] Vom 19. 08. 69 (BGBl. I, 1284).

[9] Nachweise bei *Schuster*, HdbWissR, S. 348 und *Piduch*, E. A., Bundeshaushaltsrecht, Losebl. Kommentar, Stand 1981, Bd. 2, Anhang: „Landeshaushaltsrecht".

halten. Wie bei vielen Materien, die — wie das Hochschul- und Haushaltsrecht — der Landeshoheit unterliegen, sind die einschlägigen Vorschriften verstreut; der Bestand ist unübersichtlich, und die Bundes-
gesetzgebung hat — jedenfalls für das Hochschulrecht — nur eine begrenzte Vereinheitlichung bewirkt.

3. Zum Gang der Untersuchung

Viele Fragen des Mitteleinsatzes in den wissenschaftlichen Hochschulen, auch und vor allem der Kompetenzabgrenzung zwischen Staat und
Hochschulen sowie der zweckmäßigsten Organisation der Mittelverteilung, sind seit Jahrzehnten heftig umstritten[10]. Die Haushaltsreform des
Jahres 1969 hat nur in geringem Ausmaß auf die Besonderheiten des Wissenschaftseinrichtungen Rücksicht genommen. Der Wissenschaftsrat hat
sich in seinen Empfehlungen wiederholt mit der Hochschulfinanzierung
beschäftigt, schwerpunktmäßig jedoch zuletzt in den „Empfehlungen
zur Forschung und zum Mitteleinsatz in den Hochschulen" (1979) und
den „Empfehlungen zur Forschung mit Mitteln Dritter in den Hochschulen" (1982). Gerade die gravierenden Mittelkürzungen dieses Jahres,
vor allem die Verfahrensmodalitäten ihrer Durchführung, haben gezeigt, daß es sich bei der Ausgestaltung der Finanzverfassung der Hochschulen um eine noch unbewältigte Aufgabe handelt.

Die Darstellung gliedert sich in drei Teile:

— in einem ersten Teil (I) werden die Grundlagen der Hochschulselbstverwaltung, ihrer Organisation und ihres Verfahrens, nach Maßgabe
   der Wissenschaftsfreiheitsgarantie des Art. 5 III GG dargestellt;

— der zweite Teil (II) ist den Organisations- und Entscheidungsstruk-
   turen der Finanzverwaltung der Hochschulen gewidmet;

— im dritten Teil (III) sollen einige kritische Hinweise sowie Empfehlungen gegeben werden, wie man es besser machen könnte. Sie lassen sich von dem Grundgedanken leiten, daß wirtschaftliches Handeln der Hochschulen und effizientere Organisations- wie Entschei-
   dungsstrukturen vor allem durch die Stärkung ihrer Selbstverwaltung und nicht durch eine Vielzahl von gesetzlichen Rahmenbestim-
   mungen, Reglementierung von Einzelentscheidungen und administrative Detailkontrolle gefördert werden[11]. Das mag insgesamt als
   Appell: „Mehr Mut zur Autonomie" verstanden werden.

---

[10] *Karpen*, Verwaltungsarchiv, S. 423 f.
[11] Wissenschaftsrat, Mitteleinsatz, S. 50.

I. Hochschulverwaltung als
Selbstverwaltung und Staatsverwaltung

a) Wissenschaftsfreiheit (Art. 5 III GG)

4. Wissenschaftsfreiheit und kulturstaatliche Verantwortung

Entscheidungen über den Mitteleinsatz für Forschung und Lehre sind Teil des Geflechtes von Handlungen der Selbstverwaltungsorgane und der Staatsorgane, welches die deutschen Hochschulen umschließt. Die Geschichte der deutschen Universität ist durch das Spannungsverhältnis von Staatsfreiheit und verwaltungsmäßiger, insbesondere finanzieller Staatsabhängigkeit bestimmt[1]. Gegenwärtig wird das Verhältnis von Hochschule und Staat durch die verfassungsrechtlich verbürgte Wissenschaftsfreiheit geprägt[2].

Wie alle Grundrechte wurde die Freiheit von Forschung und Lehre (Art. 5 III GG) zunächst als individuelles staatsgerichtetes Abwehrrecht verstanden. Die Entwicklung[3] der Verfassungsinterpretation führt sodann in mehreren Schritten hin zur institutionellen Garantie, d. h. zur objektiv-rechtlichen Garantie einer freien, eigenständigen Wissenschaft[4]

---

[1] *Oppermann*, Thomas, Hochschulfinanzierung — Status, Tendenzen und Chancen, Referat bei der 62. Vollversammlung der WRK am 21. 05. 1968 in Saarbrücken, WissR, 2 (1969), S. 1 - 13; *Hall*, Karl-Heinrich, Zur Finanzverfassungsreform der Hochschulen, DUZ 1970, Heft 19, S. 7 - 12; *Reinhardt*, Rudolf, Entwicklungstendenzen im Hochschulrecht, WissR 5 (1972), S. 1 bis 16; *ders.* schon Autonomie, Selbstverwaltung, Staatsverwaltung in der Universität, WissR 1 (1968), S. 6 - 27; *Gerber*, Hans, Hochschulautonomie und Oktroi, WissR 1 (1968), S. 133 - 143; *Zeh*, Wolfgang, Finanzverfassung und Autonomie der Hochschule; Hochschulfinanzierung und Spannungsfeld von Wissenschaft, Gesellschaft und Staat, Berlin 1973, pass.; *Wolff*, Hans J. / *Bachof*, Otto, Verwaltungsrecht II, 4. Aufl., München 1976, § 93 IV; *Lorenz*, Dieter, Die Rechtsstellung der Universitäten gegenüber staatlicher Bestimmung, WissR 11 (1978), S. 1 - 23 m. w. N.

[2] Art. 5 III GG; Art. 20 BW Verf.; Art. 138 Bay Verf.; Art. 60 He Verf.; Art. 13 NW Verf.; Art. 39 Rh-Pf Verf.; Art. 33 Saa Verf. Zur Interpretation: *Wolff / Bachof*, VerwR, Bd. II, § 93 IV b; *Avenarius*, Hermann, Zur Wissenschaftsfreiheit in den neuen Hochschulgesetzen, WissR 13 (1980), S. 43 - 59; *Kimminich*, Otto, Hochschule im Grundrechtssystem, in: HdbWissR, S. 56 - 90 (75 f.); *Knemeyer*, Franz-Ludwig, Hochschulautonomie, in: HdbWissR, S. 150 - 169 (151).

[3] *Knemeyer*, Hochschulautonomie, S. 152, *ders.* schon in: Garantie der Wissenschaftsfreiheit und Hochschulreform, JZ 1969, 780 (783).

und damit notwendigerweise auch zur Garantie einer Autonomie für die Einrichtungen, die den gesellschaftlichen Auftrag einer freien Wissenschaft erfüllen. Wissenschaftsfreiheit ist — auch nach dem Wortlaut des Art. 5 III GG — zunächst als Funktionsgrundrecht[5] zu verstehen: Wissenschaft als objektiv-geistiger Prozeß der Erkenntnissuche und -verbreitung kann sich in seiner Eigengesetzlichkeit nur staatsfrei entfalten. Wissenschaft wird aber immer durch einzelne betrieben: Wissenschaftsfreiheit gibt jedem, der in Forschung und Lehre tätig ist oder werden will, ein individuelles Abwehrrecht gegen die staatliche Beeinträchtigung seiner wissenschaftlichen Betätigung[6]. Schließlich ist die Gewährleistung der Freiheit von Forschung und Lehre eine institutionelle Garantie für den Bestandszusammenhang der Wissenschaftspflege, insbesondere für die Institutionen, in denen sie sich verfaßt hat, vorzüglich die Universitäten[7]. Unbeschadet staatlicher Einflußnahme war für die deutsche Universität stets — wenn auch nach Ort und Zeit verschieden ausgeprägt — eine gewisse Distanz zum Staat kennzeichnend, die ihren Ausdruck insbesondere in ihrer Ausgliederung aus der unmittelbaren Staatsverwaltung und einer weitgehenden Selbstverwaltung durch ihre Mitglieder findet[8].

5. Wissenschaftsgrundrecht als Abwehr-, Teilhabe- und Teilnahmegrundrecht

In seinem subjektiv-rechtlichen wie institutionellen Verständnis garantiert die Wissenschaftsfreiheit zunächst (im rechtsstaatlichen status negativus) Staatsfreiheit[9]. Im Bereich des eingreifenden Handelns sind die staatlichen Organe strikt gebunden. Aber auch dort, wo der Staat

---

[4] Insbesondere BVerfGE 35, 79 (112 f.) und E 53, 30 (57).

[5] Dazu: *Hailbronner*, Kay, Die Freiheit der Forschung und Lehre als Funktionsgrundrecht, Hamburg 1979, bes. S. 73 f.

[6] Vgl. die erwähnten Entscheidungen, ferner schon BVerfGE 15, 256 (263) und BVerfGEuGRZ 1979, 477.

[7] *Smend*, Rudolf, Das Recht der freien Meinungsäußerung, VVDStRL 4 (1928), S. 44 - 73 (56 f.); *Köttgen*, Arnold, Die Freiheit der Wissenschaft und die Selbstverwaltung der Universität, in: Neumann, Franz L. / Nipperdey, Hans Carl / Scheuner, Ulrich, Die Grundrechte, Bd. 2, Berlin 1954, S. 291 (304, 318); *Bley*, Helmar, Die Universitätskörperschaft als Vermögensträger, dargestellt am Beispiel der Universität Freiburg i. Br., Freiburg 1963, S. 37; *Scholz*, Rupert, in: Maunz, Theodor / Dürig, Günter / Herzog, Roman / Scholz, Rupert, Grundgesetz, Kommentar (Stand) München 1982, Art. 5 III, Rn. 134; *Klein*, Hans H., „Demokratisierung" der Universität?, Göttingen 1968, S. 4 und pass.; *Knemeyer*, HdbWissR, S. 155; Das BVerfG hat die Frage, ob Art. 5 III GG auch als institutionelle Garantie der Universitäten und Fakultäten zu verstehen sei, in E 15, 256 (264); E 35, 79 (116) offengelassen.

[8] BVerfGE 35, 79 (116 f.); *Wolff / Bachof*, VerwR, Bd. II, § 93 IV b.

[9] BVerfGE 35, 79 (112).

— wie im Bereich der gewährenden Verwaltung — größere Gestaltungsfreiheit besitzt, schränkt die Wissenschaftsfreiheit als besondere Wertentscheidung des Grundgesetzes diese Freiheit ein. Ihr objektiv-rechtlicher Gehalt begründet die Pflicht des Staates, sich schützend und fördernd vor sie zu stellen[10]. Der Staat ist (im kultur- und sozialstaatlichen status positivus) verpflichtet, substantiellen Grundrechtsschutz zu bieten, für die Erhaltung und Unterhaltung der in der Hochschule institutionalisierten Wissenschaft personelle, finanzielle, organisatorische Mittel bereitzustellen. Die Hochschule hat einen Anspruch auf Dotation, der einzelne Wissenschaftler einen Anspruch auf Teilhabe an diesen materiellen Voraussetzungen des Betreibens von Wissenschaft, jedenfalls auf eine Grundausstattung[11]. — Letztlich garantiert Art. 5 III GG — in seinem Verständnis als objektiv-rechtliche Norm — auch gewisse Grundlagen der Organisation und des Verfahrens der Entscheidungsfindung in den Hochschulen und der Mitwirkung des einzelnen Wissenschaftlers an ihr. Wenn der Staat mit öffentlichen Mitteln einen Wissenschaftsbetrieb einrichtet und unterhält sowie diesem in — wenn auch begrenztem — Umfange Staatsunabhängigkeit gewährt, so hat er durch geeignete rechtliche und organisatorische Maßnahmen auch dafür zu sorgen, daß das Grundrecht der freien wissenschaftlichen Betätigung soweit unangetastet bleibt, wie das unter Berücksichtigung der anderen legitimen Aufgaben der Wissenschaftseinrichtungen und der Grundrechte der verschiedenen Beteiligten möglich ist[12]. Die Garantie der Funktion „Wissenschaft" ist das Entscheidende: Damit ist einerseits die auch vom Bundesverfassungsgericht betonte[13] Offenheit für Organisationsmodelle der Forschungs- und Lehreinrichtungen gewährleistet, andererseits aber auch ein Minimum adäquater Mitwirkungsrechte (Teilnahmerechte) des einzelnen Wissenschaftlers als Voraussetzung autonomer Aufgabenerfüllung verfassungsrechtlich gesichert[14] (im wissenschaftsgrundrechtlich, nicht demokratisch legitimierten status activus).

---

[10] BVerfGE 35, 79 (115) (vgl. auch schon BVerfGE 33, 303 [333] zum NC), BVerfGE 43, 267, BVerfGE 53, 30 (57); *Maunz / Dürig / Herzog / Scholz*, Grundgesetz, Art. 5 III, Rn. 162; *Mallmann / Strauch*, Die Verfassungsgarantie der freien Wissenschaft als Schranke der Gestaltungsfreiheit des Hochschulgesetzes, Bonn-Bad Godesberg 1970, S. 22; *Hailbronner*, in: Großkreutz, P. / Hailbronner, K. / Ipsen, K. / Walter, H., Kommentar zum HRG, Hamburg, Stand 1979, § 58, Rn. 25; *Knemeyer*, in: HdbWissR, S. 153.

[11] BVerfGE 35, 79 (115), BVerwG JZ 1977, 716 (717) (noch ablehnend), *Oppermann*, Thomas, Kulturverwaltungsrecht, Tübingen 1969, S. 349.

[12] BVerfGE 35, 79 (115), vgl. auch BVerfGE 33, 303 (341) (Verfahren der Kapazitätsermittlung), BVerfGE 41, 251 (265) und E 44, 105 (116) (für Ordnungs- und Disziplinarmaßnahmen).

[13] E 35, 79 (116 f.), vgl. auch *Rupp*, Hans Heinrich, Die Stellung der Studenten in der Universität, VVDStRL 27 (1969), S. 113 - 141 (114 f.).

[14] *Knemeyer*, HdbWissR, S. 153.

6. Die Verantwortung des Staates

Art. 5 III GG enthält — außer der Verfassungsklausel des Satzes 2 für die Lehre — keinen Gesetzvorbehalt. Gleichwohl ist unbestritten, daß der Staat auch den Wissenschaftsbereich ordnen darf, ohne in den geistigen Kern von Forschung und Lehre einzudringen.

Stets hat der Staat Verantwortung für die öffentliche Aufgabe der Wissenschaftspflege übernommen: er hat Hochschulen gegründet und für ihre Funktionsfähigkeit, insbesondere ihre finanzielle Ausstattung, Sorge getragen[15]. Auch heute noch gilt[16] der in Art. 142 WRV enthaltene Grundsatz, daß der Staat der Wissenschaft und ihrer Lehre Schutz gewährt und an ihrer Pflege teilnimmt, wenngleich er — abgesehen von den Kompetenzregelungen der Art. 74 Nr. 13, 75 Nr. 1 a, 91 a und b — im Grundgesetz nicht explizit Aufnahme gefunden hat. Die objektive Verpflichtung des Staates läßt sich aber nach der insoweit zutreffenden Rechtsprechung des Bundesverfassungsgerichtes[17] auch aus der das Verhältnis der Wissenschaft zum Staat regelnden wertentscheidenden Grundsatznorm des Art. 5 III GG entnehmen. Um eine wirklich freie und unbeeinflußte Forschung und den ungehinderten Austausch von wissenschaftlichen Meinungen in der Lehre sicherzustellen, muß zur (negatorischen) Staatsfreiheit eine positive Ordnung der Wissenschaft hinzukommen. Der Staat muß materielle, organisatorische und Verfahrensregelungen treffen, damit Art. 5 III GG wirklich zur Entfaltung gelangen kann[18]. Der innere „Bereich" der Wissenschaft, ihre Gegenstände und Methoden, bleiben ihm verschlossen.

b) Autonomie und Rechtsgestalt der Hochschule

7. Hochschulautonomie

Indem der Staat mit der Freiheit von Forschung und Lehre die Institutionalisierung der Wissenschaftspflege in der Universität verfassungsrechtlich verbürgt (Art. 5 III G), beugt er sich letztlich der Er-

---

[15] *Pleyer*, Klemens, Die Vermögens- und Personalverwaltung der deutschen Universitäten, Marburg 1955, pass.; *Zeh*, S. 245; *Wolff / Bachof*, VerwR, Bd. II, § 93 IV a.

[16] *Bley*, Helmar, Die Universitätskörperschaft als Vermögensträger, dargestellt am Beispiel der Universität Freiburg i. Br., Freiburg 1963, S. 43.

[17] Besonders im Urteil zum niedersächsischen Vorschaltgesetz, BVerfGE 35, 79 (124 f.), auch schon im Numerus-Clausus-Urteil: BVerfGE 33, 303 (339 f.); so auch *Rupp*, VVDStRL 27 (1969), S. 113 - 141 (135).

[18] So das BVerfG im Urteil vom 16. 06. 1981 zum Saarländischen Rundfunkgesetz, BVerfGE 57, 295 (321 f.); auch schon in BVerfGE 35, 79 (115); historische Nachweise bei *Pleyer*, S. 21 f.

kenntnis, daß diese, wenn sie die ihr aufgegebenen öffentlichen Funktionen erfüllen soll, nach den der Wissenschaft eigenen Gesetzen leben muß[19]. Im wissenschaftlichen Bereich gibt sich die Hochschule selbst das Gesetz ihres Daseins, d. h. ist sie autonom. Diese Autonomie ist das notwendige Wesensmerkmal einer aus dem Gesamtbereich des Staates ausgegliederten Einheit, die gesellschaftlich relevante Funktionen eigenverantwortlich wahrnehmen soll; sie kennzeichnet die besondere Position der ausgegliederten Einheit — zunächst einer Körperschaft — im und zum Staat[20]. Autonomie in diesem Sinne ist nicht nur Satzungsgewalt und schon gar nicht nur Grundordnungsgewalt, sondern die Kompetenz, alle Verwaltungsmaßnahmen, die mit Forschung und Lehre unmittelbar zusammenhängen, eigenverantwortlich und weisungsfrei durch eigene Organe wahrzunehmen[21]. Die akademische Selbstverwaltung als eigenverantwortliche, weisungsfreie Wahrnehmung von wissenschaftsbezogenen Tätigkeiten ist unmittelbare organisatorische Konsequenz aus der Hochschulautonomie und letztlich der Wissenschaftsfreiheit.

8. Autonomie als Selbstrechtsetzungs- und -verwaltungskompetenz

Nach neuem Hochschulrecht gehen Rechtsetzungs- und Verwaltungskompetenz[22] der Hochschulen über den Autonomiebereich hinaus. Soweit Grundordnungen (§ 58 II HRG) Fragen von Forschung und Lehre betreffen, sind sie auf Art. 5 III GG zurückbezogen; soweit sie in staatlichen Angelegenheiten Regelungen treffen, fallen sie nicht unter die Autonomie[23]. Autonomie muß hier — wie auch sonst — immer zugleich im Blick auf ihre Schranken betrachtet werden. Das gilt vor allem für den Verwaltungsbereich. Wieweit die Verwaltungskompetenz trotz der Verwendung des Terminus „Einheitsverwaltung" (§ 59 III HRG) autonom, also in eigener Verwaltungshoheit weisungsfrei wahrzunehmen ist, zeigt nicht der die Organisation bestimmende Begriff der Einheitsverwaltung, sondern die Ausgestaltung der staatlichen Aufsicht. Inhaltlich ist die Selbstverwaltung der Hochschule eine solche auf dem Gebiet des Geistigen. Das ist gemeint, wenn die Landesverfassungen von Baden-Württemberg (Art. 20 II) und Nordrhein-Westfalen (Art. 16 I)

---

[19] *Bley*, S. 37 f.

[20] *Knemeyer*, HdbWissR, S. 153 f.

[21] *Wolff / Bachof*, VerwR, Bd. I, § 53 IV a.

[22] Die Selbstrechtsprechung der Hochschulen als „dritte Gewalt" innerhalb der Autonomie ist seit dem Ende der Disziplinargerichtsbarkeit und der Auflösung des traditionellen „besonderen Gewaltverhältnisses" dahingefallen, vgl. dazu noch *Maack*, Heinrich, Grundlagen des studentischen Disziplinarrechtes, Freiburg 1956.

[23] *Knemeyer*, HdbWissR, S. 161.

den Hochschulen eine ihrem besonderen Charakter entsprechende Selbstverwaltung garantieren[24]. Zur Autonomie gehört — wenngleich auch insoweit ganz wesentlich durch staatliche Regelungen beschränkt — das Selbstorganisationsrecht, d. h. das Recht zur Schaffung von Organen, ihrer inneren Struktur, ihrer Rechtsstellung, ihrer Beziehungen zueinander[25]. Anders als im Kommunalrecht gehören zum grundsätzlichen Inhalt der Hochschulautonomie dagegen nicht Finanz- und Personalhoheit; sie sind von vornherein begrifflich ausgeschlossen[26]. Daran wird zweierlei deutlich. Zum einen: Die Autonomie der Hochschule und die ihr entsprechende Selbstverwaltung ist keine universale, sondern eine wissenschaftszentrierte partikulare[27]. Zum anderen: Die geistige Wirksamkeit der Universität kann niemals Staatsverwaltung sein, auch nicht mittelbare Staatsverwaltung[28]. Der Staat kann nur solche Aufgaben unmittelbar in eigene Regie übernehmen, die ihrer Natur nach im Wege organisierter Zusammenarbeit zu bewältigen sind, während er sich gegenüber allen denjenigen Aufgaben, die nur durch die selbstschöpferische Tat eines Individuums gelöst werden können, auf äußere Unterstützung beschränken muß.

9. Schranken der Hochschulautonomie

Die so gekennzeichnete Selbstverwaltung der Hochschulen wird seitens des Staates durch Ausgrenzung, Schutz und Förderung ermöglicht, auf der anderen Seite in immer noch steigendem Ausmaß durch Gesetze, Verordnungen, Richtlinien und Weisungen, Planungs- und Finanzgebaren reglementiert. Als wichtigste Schranken sind die Abhängigkeit von staatlichen Rechtsvorschriften, die Pflicht zur Zusammenarbeit mit dem Staat sowie die staatliche Aufsicht zu nennen[29].

Aus dem Umstand, daß die Hochschulen — wie andere Selbstverwaltungskörperschaften — Autonomie nur „im Rahmen der Gesetze" genießen, läßt sich die staatliche Letztverantwortung am deutlichsten schließen. Wenn der Staat auch berechtigt ist, einzelne Funktionen —

---

[24] Vgl. auch *Schmitt Glaeser*, Walter, Die Freiheit der Forschung, WissR 7 (1974), S. 107 - 134.

[25] *Wolff / Bachof*, VerwR, Bd. II, § 71 IV b, § 93 IV d.

[26] *Mallmann / Strauch*, S. 23; *Zeh*, S. 103; *Oppermann*, Hochschulfinanzierung — Status, Tendenzen und Chancen, WissR 2 (1969), S. 1 f.; *Knemeyer*, HdbWissR, S. 161; zum Grundsätzlichen: *Wolff / Bachof*, VerwR, Bd. II, § 71 IV b.

[27] *Bley*, S. 39.

[28] *Wolff / Bachof*, VerwR, Bd. II, § 75 I a und § 84 I f.; ferner *Bley*, S. 38; *Zeh*, S. 101.

[29] *Oppermann*, Thomas, Die staatliche Hochschulaufsicht, in: HdbWissR, S. 379 - 398 (380).

staatliche oder (wie im Falle der Wissenschaft) öffentliche — autonomen Trägern zu überlassen, so obliegt ihm im Endeffekt doch die Garantie, daß diese Funktionen wahrgenommen und im Rahmen gesamtstaatlicher Vorstellungen erfüllt werden[30]. Die wichtigsten autonomiebeschränkenden Gesetze sind das HRG, die Landeshochschulgesetze und die Hochschullehrergesetze. Der Bereich der staatlichen Angelegenheiten, insbesondere die Personal- und Wirtschaftsverwaltung sowie die Finanzierung der Hochschulen scheidet für die Frage nach den Schranken der Autonomie zunächst aus, weil er nie zum Selbstverwaltungsbereich gehörte. Er ist jedoch insoweit zunehmend als autonomiebegrenzend mitzuberücksichtigen, als die Wahrnehmung dieser Angelegenheiten unmittelbare Auswirkungen auf die als autonom garantierte Wahrnehmung von Körperschaftsangelegenheiten hat. Die intensivsten und häufig am wenigsten klar faßbaren Beschränkungen ergeben sich dabei im Bereich der Hochschulfinanzierung und der Hochschulplanung. Sie bedürfen deshalb noch eingehenderer Prüfung im Zuge der Darstellung des Mitteleinsatzes.

Notwendigkeiten der Zusammenarbeit mit dem Staat (§ 60 HRG) ergeben sich[31] zunächst im Zwischenbereich nicht rein akademischer, aber auch nicht rein staatlicher Angelegenheiten, die — wie die Studienreform, die Personalverwaltung bei wissenschaftlichem Personal — vom Staat als dem Träger der Bildungshoheit und den Hochschulen als Bildungsinstitutionen in Kooperation wahrgenommen werden[32]. Hier arbeiten Hochschulorgane und staatliche Organe — teilweise in gemischten Gremien — zusammen in Form von Anhörung und Konsultation, Vorschlagsrechten, Zustimmungs- und Einvernehmenserfordernissen etc.[33]. Die Autonomie umfaßt hier von Anfang an nur den „wissenschaftlichen Teil" der Gemeinschaftsaufgabe, so daß die Pflicht zur Zusammenarbeit keine Beschränkung des Selbstverwaltungsrechtes darstellt.

Vom Kooperationsbereich zu unterscheiden sind die weitergehenden Mitwirkungsrechte, die sich der Staat im Rahmen seiner Rechts- und „weitergehenden Aufsicht" (§ 59 II) (Fachaufsicht[34]) vorbehalten hat. Der in dieser Bezeichnung neuen Aufsichtsform, die das Recht zu Einzelweisungen umfaßt, unterliegen in den Bereich der Einheitsverwaltung integrierte staatliche Angelegenheiten, also in Abstimmung mit dem

---

[30] *Knemeyer*, HdbWissR, S. 162.

[31] Zu Formen der Zusammenarbeit der Hochschulen (Gesamthochschule etc.) vgl. insbesondere zu III.

[32] *Oppermann*, Selbstverwaltung und staatliche Verwaltung, in: HdbWissR, S. 251 - 280 (273).

[33] Vgl. etwa den Katalog in § 77 NsHSchG.

[34] So die Terminologie von § 124 II BWUniG und § 75 III NsHschG sowie *Oppermann*, in: HdbWissR, S. 379, 382, dazu auch *Schuster*, Hermann Josef, in: HdbWissR, S. 327 - 355 (346).

Staat wahrzunehmende autonome Verwaltungsangelegenheiten[35]. Diese Fachaufsicht bedeutet ebensowenig eine Schranke der Autonomie wie die allgemeine Rechtsaufsicht über die Erledigung der Verwaltungsaufgaben im Kernbereich von Forschung und Lehre, letztere deshalb nicht, weil jeder Verleihung von Selbstverwaltungsrechten nach dem Gebot der Wahrung staatlicher Letztverantwortung eine Aufsichtsbefugnis korrespondiert[36]. Soweit Hochschule und Staat im Kooperationsbereich zusammenwirken, unterliegt der eigene Entscheidungsanteil der Hochschule der Rechtsaufsicht, der staatliche Anteil keiner Aufsicht, da er unmittelbar vom Staat wahrgenommen wird[37], nicht einer außerhalb des Staates stehenden selbständigen Rechtspersönlichkeit zukommt.

10. Rechtsgestalt der autonomen Hochschule

Weil die Hochschule nur eine partielle Selbstverwaltung genießt, insbesondere keine Finanzautonomie hat, vielmehr — anders als die Gemeinden u. a. Körperschaften — (fast) absolut vom Staat abhängig ist, erhebt sich die Frage nach der Rechtsgestalt der Hochschule. Im Streit um ihre richtige Beschreibung kommt seit je das Spannungsverhältnis zwischen Wissenschaftsfreiheit und staatlicher Wissenschaftspflege zum Ausdruck. Es bestand (und besteht) keine Einigkeit darüber, ob die auf dem Fundament der Freiheit von Forschung und Lehre ruhende, vom Staat finanzierte und organisierte Hochschule Körperschaft oder Anstalt oder beides ist, und — wenn letzteres der Fall ist — in welcher Verbindung. Die spätmittelalterliche und neuzeitliche Universität war Korporation[38]. Im 18./19. Jahrhundert setzte sich die Trennung von autonomer Wissenschaftspflege und staatlicher Finanzierung durch. Dieses „dualistische Konzept" fand seinen kodifikatorischen Niederschlag in den hochschulrechtlichen Bestimmungen des PrALR von 1794, wo die Universitäten als „Veranstaltungen des Staates"[39] bezeichnet werden, die nur „mit Vorwissen und Genehmigung des Staates errichtet werden sollen[40], zugleich aber alle Rechte privilegierter Korporationen haben"[41]. Diese Auffassung, die Hochschule sei eine rechtsfähige Personalkörperschaft des öffentlichen Rechts, deren Bedarfsverwaltung ganz oder teilweise einer zugeordneten Anstalt obliegt, kennzeichnete den Rechts-

---

[35] *Knemeyer*, HdbWissR, S. 161.

[36] *Rupp*, Hans Heinrich, Deutsches Hochschulwesen der Gegenwart, in: HdbWissR, S. 38 f.

[37] *Knemeyer*, HdbWissR, S. 161.

[38] Dazu *Pleyer*, S. 5 ff. und 19 ff.

[39] II, 12 § 1 ALR.

[40] II, 12 I 2 ALR.

[41] II, 12 I 67 ALR.

zustand[42] bis zur jüngsten Hochschulgesetzgebung. In § 58 HRG und in den neuen Landeshochschulgesetzen werden die Hochschulen durchweg als Körperschaften des öffentlichen Rechts und zugleich staatliche Einrichtungen gekennzeichnet. Beide Organisationen sind aber nicht getrennt, sondern in der Einheitsverwaltung durch die Personalunion von Organverwaltern und wechselseitige Beteiligungsrechte vielfältig miteinander verzahnt.

Diese „dualistische Sicht" ist wohl nach wie vor die zutreffendste Kennzeichnung der Hochschule. Art. 5 III GG enthält keine Option für eine bestimmte Rechtsform[43]. Die Rechtsgestalt der Universität ist vom HRG nicht geschaffen, sondern vorgefunden; sie ergibt sich aus dem Wesen der Hochschule[44]. Sie ist zunächst Genossenschaft der Lehrenden und Lernenden, eine funktionsorientierte Körperschaft neben den gemeindlichen Körperschaften und den Berufsgenossenschaften[45]. Die Kennzeichnung „Anstalt" oder „Einrichtung" trägt dem Umstand Rechnung, daß jede Hochschule auf die Bereitstellung erheblicher Vermögenswerte an Gebäuden, Bauten und Apparaten sowie laufende Finanzmittel angewiesen ist und daß der Geldgeber — der Staat — ein verständliches und auch berechtigtes Interesse daran hat, die Verwendung der von ihm hergegebenen Mittel laufend zu beeinflussen[46]. Insgesamt sind die Hochschulen also als Personalkörperschaften des öffentlichen Rechtes anzusehen, deren Bedarfsverwaltung ganz oder teilweise einer zugeordneten Anstalt obliegt[47]. Diese Konstruktion ist sachgerecht, stellt aber trotz der Einheitsverwaltung in der Praxis höchste Anforderungen an die Organwalter, die jene Verzahnung zweier Organisationsformen bewirken und nach beiden Seiten — zur Hochschule wie zum Staat hin — funktionsfähig erhalten sollen[48].

---

[42] *Wolff / Bachof*, VerwR, Bd. II, § 93 IV c; *Wolff*, Hans J., Die Rechtsgestalt der Deutschen Universität, Köln und Opladen, 1956, S. 19, 20; *Bley*, 521 und S. 38 f.

[43] BVerfGE 35, 79 (116); *Kimminich*, Die Rechtsgestalt der Hochschulen, HdbWissR, S. 144; *Mayer*, Franz, Von der Rechtsnatur der Universität, Regensburg, 1967, S. 28.

[44] *Reich*, Andreas, HRG-Kommentar, 2. Auflage, Bad Honnef 1979, Rn. 2 zu § 58.

[45] *Kimminich*, HdbWissR, S. 142; *Knemeyer*, HdbWissR, S. 142.

[46] *Wolff*, H. J., Rechtsgestalt, S. 10. Dabei kann der Streit hier unerörtert bleiben, ob die „Einrichtung" in die unmittelbare Staatsverwaltung einbezogen bleibt (so *Dallinger*, in: Dallinger, Peter / Bode, Christian / Dellian, Fritz, HRG, Kommentar, Tübingen 1978, S. 347 (zu § 59 HRG) oder der rechtlich verselbständigten Organisation zur Verwaltung im eigenen Namen übertragen wird (so *Mangoldt*, Hans von, Universität und Staat (Recht und Staat Nr. 488/89), Tübingen 1979, S. 6 f.).

[47] BayVerfGH, BayVerwBl. 1972, 125 (126); *Kimminich*, HdbWissR, S. 145; *Wolff / Bachof*, VerwR, Bd. II, § 93 IV c.

[48] *Kimminich*, HdbWissR, S. 147.

c) Abgrenzung von Selbstverwaltungs- und Staatsaufgaben

11. Abgrenzungsfragen

Die Abgrenzung von Selbstverwaltungs- und Staatsverwaltungsange-legenheiten ist seit je das Kardinalproblem des Verhältnisses zwischen Hochschule und Staat. Nach der traditionellen dualistischen Konzeption stehen den autonom zu erledigenden „inneren", „akademischen" An-gelegenheiten — der Erfüllung der Aufgaben in Forschung und Lehre — die vom Staat verantworteten „äußeren" Angelegenheiten — die Ermöglichung von Forschung und Lehre durch Führung der Personal-und Wirtschaftsverwaltung — gegenüber[49].

Diese gegenständliche Abgrenzung ist keineswegs obsolet, wie man-cher nach der Ablösung der zweispurigen Rektor-Kurator-Kanzler-Ver-waltung durch die Einheitsverwaltung (§ 58 III HRG) meinen möchte. Denn wieweit die einzelne Verwaltungszuständigkeit autonom, also in eigener Verantwortlichkeit und weisungsfrei von der Hochschule wahr-zunehmen ist, zeigt letztlich nicht die Verwaltungsorganisation, sondern die Ausgestaltung der staatlichen Aufsicht mit ihren Mitteln „Rechts-aufsicht" und „weitergehende Aufsicht" („Fachaufsicht" [§ 60 HRG]). Über die Aufsichtsregel wird damit die „Einheitsverwaltung" im Kon-trollbereich doch wieder zweigeteilt[50].

Im Vergleich mit der gegenständlichen Abgrenzung von Selbstver-waltungs- und Staatsverwaltungsaufgaben nach der Wissenschaftsrele-vanz hat die funktionale Differenzierung nach normsetzenden, entschei-dungsvorbereitenden und normausführenden Angelegenheiten an Be-deutung gewonnen, vor allem im Hinblick auf die neue Teilfunktion „Planung". Auch im autonomen Innenbereich tritt angesichts der Zen-tralisierung der Hochschulverwaltung die Trennung nach Leitungs-, Verwaltungs- und Planungsaufgaben in den Vordergrund.

Bei diesen Abgrenzungsfragen bietet Art. 5 III GG wenig Hilfe. Da das Grundgesetz den Begriff der Autonomie nicht verwendet, so kann es in seiner Formulierung der Freiheitsgarantie auch nicht einzelne In-halte der Autonomie näher bestimmen und festlegen, inwieweit die eigenverantwortliche Hochschulverwaltung auch ohne staatliche Wei-

---

[49] Zu den Grundzügen der historischen Entwicklung der Hochschulverwal-tung im Spannungsfeld von Selbstverwaltung und Staatsverwaltung vom Mittelalter über die frühe Neuzeit, den absoluten Polizeistaat, den monarchi-schen Rechtsstaat des 19. Jahrhunderts bis zum (sozialen) Rechtsstaat vgl. *Pleyer*, S. 5 ff., 19 ff., 48 ff., 107 ff., 132 ff., 150 ff.; ferner *Bley*, S. 39 f. sowie *Reinhardt*, Rudolf, Entwicklungstendenzen im Hochschulrecht, WissR 5 (1972), S. 1 - 16.

[50] *Knemeyer*, HdbWissR, S. 159.

sung erfolgen muß, um Art. 5 III GG gerecht zu werden. Die Inhalte
der Hochschulautonomie ergeben sich vielmehr aus dem HRG, den Landesverfassungen und LHSchGen[51].

12. Gegenständliche Abgrenzung: „innere und äußere Angelegenheiten"

Da die „Einheitsverwaltung" (§ 59 III HRG) nicht mehr ist als ein ge-
meinsames Verwaltungsdach für verschiedene Aufgabenbereiche, gelten für die Abgrenzung von Selbstverwaltungs- und staatlichen Angelegenheiten letztlich dieselben Kriterien wie früher unter der Geltung
des Trennsystems. Zum Kernbereich der Selbstverwaltung gehören die
„akademischen", zur Staatsverwaltung die Wirtschaftsangelegenheiten[52]. Nur letztere unterliegen der „weitergehenden Aufsicht" i. S. des
§ 59 II HRG. Thieme bringt die traditionelle Abgrenzung auf die der
Systemtheorie entlehnte Formel: Was input ist, ist staatliche Auftragsangelegenheit; was output ist, gehört zu den akademischen Aufgaben[53].
Die Abgrenzung folgt keineswegs immer rationalen Gesichtspunkten;
vielfach schließt sie sich der traditionellen Aufteilung in die Geschäfts-
bereiche des Rektors und Kurators an. Im Ergebnis unterliegen alle
Hochschulaufgaben (§ 2 I - VIII HRG) mit Ausnahme der als staatliche
Angelegenheiten gesetzlich bestimmten (§ 59 II HRG u. a.) Aufgaben der
Hochschulautonomie. Es spricht also eine Vermutung für die Einord-
nung als Hochschulangelegenheit[54]. Das gilt auch für die über die Pri-
märfunktion der Hochschule, die Pflege von Forschung und Lehre hinausgehenden Aufgaben.

Seit je war aber eine trennscharfe Scheidung von „inneren" und
„äußeren" Angelegenheiten schwer, wenn nicht unmöglich. Der Entwurf
eines Forschungsprogramms und die Planung eines Forschungsvorhabens setzen die Vorprüfung der Finanzierungsmöglichkeiten voraus;
die Durchführung eines Studienprogramms erfordert die rechtzeitige
Bereitstellung des notwendigen Personals. Die Mitwirkung des Staates
bei der Gestaltung von Studiengängen und Prüfungen[55] einerseits, das

---

[51] *Knemeyer*, HdbWissR, S. 156.

[52] *Schuster*, S. 357; *Oppermann*, HdbWissR, S. 267.

[53] *Thieme*, Werner, Organisationsstrukturen der Hochschulen, in: Hdb-
WissR, S. 170 - 195 (191).

[54] *Knemeyer*, HdbWissR, S. 161.

[55] *Strauch*, Hans Joachim, Staatliche und akademische Prüfungsordnungen, Hamburg 1978, insbes. S. 207 f.; *Arndt*, Hans-Wolfgang, Studienreform
und Studienreformkommissionen. Zur verfassungsrechtlichen Problematik des
§ 9 HRG, WissR 12 (1979), S. 213 - 231; ferner *Reuhl*, Günter, Wissenschaftsfreiheit und Kulturstaatsprinzipien, WissR 13 (1980), S. 236 - 251 (241 f.). —
Zu neuen Aufgaben s. *Schuster*, H. J., Veränderte Anforderungen an die

Mitspracherecht der Hochschulen bei der Berufung von Mitgliedern des Lehrkörpers andererseits sind klassische Beispiele der Aufgabenverflechtung. Das Denken in ausschließlichen Alternativen ist verfehlt; das Kondominium[56] erweist sich als angemessenste Form einer Darstellung des Verhältnisses von Staat und Hochschule. Die Verwaltung der Hochschulen und des Hochschulwesens ist eine „res mixta"[57]. Schuster und Graf Stenbock-Fermor[58] haben das Zusammenwirken von Staatsverwaltung und Hochschulselbstverwaltung durch das Bild dreier konzentrischer Kreise veranschaulicht, die sich um den Kernbereich der Wissenschaftsfreiheit herumlagern[59].

Nach dieser inzwischen weitgehend akzeptierten[60] Gliederung nach der Wissenschaftsrelevanz gehören zum innersten Bereich die unmittelbar mit Forschung und Lehre zusammenhängenden Angelegenheiten. Viele Angelegenheiten — auch solche der Wirtschafts- und Finanzverwaltung — müssen dem mittleren Bereich der „Gemeinschaftsaufgaben" zugerechnet werden, da sie Auswirkungen auf die Erfüllung der Primärfunktionen haben. Zum äußeren Bereich rechnen nur solche Angelegenheiten, welche ganz überwiegend der Unterstützung der Wissenschaft dienen, ohne deren Inhalt zu tangieren.

Hochschulverwaltung, WissR 6 (1973), S. 243 - 266 sowie § 2 Abs. 4, 5 HRG; *Wolff / Bachof*, VerwR, Bd. II, § 93 VIII a; Hess VGH DVBl. 1968, S. 261; *Waibel*, Wolf-Wilhelm, Rechtsprechungsübersicht, WissR 4 (1971), S. 264 f.

[56] Übernommen aus dem Kommunalrecht: *Köttgen*, Arnold, Wesen und Rechtsform der Gemeinden und Gemeindeverbände, in: Handbuch der kommunalen Wissenschaft und Praxis, Bd. 1, Berlin, Göttingen und Heidelberg 1956, S. 185 - 234 (196); auch *Schmidt-Assmann*, Eberhard, Verfassungsrechtliche und verwaltungspolitische Fragen einer kommunalen Beteiligung an der Landesplanung, AöR 101 (1976), S. 520 - 547 (536 f.); für das Hochschulrecht: *Wolff / Bachof*, VerwR, Bd. II, § 93 IV d.

[57] *Weber*, Werner, Aktuelle Probleme der Kommunalaufsicht, Berlin 1963, S. 17 - 36 (24 f., 27, 30, 31 ff.).

[58] Überlegungen zur Eigenart der Hochschulverwaltung, WissR 1 (1968), S. 28 - 46 (33).

[59] Vgl. auch: BVerfGE 35, 79 (112, 122); BWStGH, ESVGH 24, 12 (13 ff.) (zum Kernbereich); BVerfGE 35, 79 (120); *Zacher*, Hans F., Hochschulrecht und Verfassung, Göttingen 1973, S. 50; *Reinhardt*, WissR 1 (1968), S. 7 (zum mittleren Kreis wissenschaftsbezogener Aufgaben); auch im dritten, äußeren Bereich wird die Universität richtiger Ansicht nach (*Lorenz*, WissR 11 (1978), S. 4, 5; a. A. Bay VGH, Bay VerwBl. 1969, 69 und Bay VerwBl. 1971, 233) nicht als Staatsorgan tätig; die Universität übt vielmehr insgesamt eine eigene, von der allgemeinen Staatsgewalt zu unterscheidende Hoheitsgewalt aus.

[60] Statt aller: *Wolff / Bachof*, VerwR, Bd. II, § 93 IV d; so auch schon *Bachof*, Otto, Überlegungen zu einer Verwaltungsreform der deutschen Hochschulen, in: Carstens, Karl und Peters, Hans (Hrsg.), Hochschulrechtliche Aufsätze aus der Festschrift für Hermann Jahrreiß, Köln, Berlin 1965, S. 9 - 35 (15 f.).

13. Funktionale Abgrenzung:
Normsetzende, entscheidungsvorbereitende und
normausführende Angelegenheiten

Maßgeblich ist aber nicht länger die gegenständliche Trennung nach wissenschaftlichen und wirtschaftlichen Angelegenheiten, sondern die funktionale Differenzierung nach normsetzenden, entscheidungsvorbereitenden und normausführenden Angelegenheiten[61]. Dabei ist diese neue „gewaltenteilende" Sicht der Hochschulverwaltung wohl zu unterscheiden von der Gewaltenteilung im staatlichen Bereich: Die Hochschule ist als selbstverwaltende Organisation insgesamt eingebettet in die staatliche Funktion „Verwaltung". Als solche ist sie abhängig von Legislativ-, Exekutiv- (vornehmlich: Regierungs-) und Rechtsprechungsentscheidungen staatlicher Organe. Weil die Universität als Großorganisation und Wirtschafts- wie Kulturfaktor in die Gesellschaft eingebettet ist, sind neben Gesetzen und Gerichtsentscheidungen vor allem die Vorgaben der Politik von beträchtlicher Auswirkung auf die Hochschulen[62], wobei die Schranke des „Verbotes der Wissenschaftssteuerung" ebenso eindeutig wie inhaltlich schwer zu bestimmen ist. So ist etwa Finanzpolitik Kernstück der Gesamtpolitik vor allem dann, wenn sie in dürren Zeiten zur „Richtlinienangelegenheit" (Art. 65 GG) wird. Über die Ressourcenverteilung läßt sich auch die Wissenschaft steuern; die Entscheidung, ein bestimmtes Fach oder eine bestimmte Einrichtung zu fördern oder seine Entwicklung zu vernachlässigen, ist eine politische Entscheidung. Auch wird die Zahl der „politisch sensiblen" Fächer immer größer.

„Hochschulverwaltung" ist die Wahrnehmung aller Geschäfte, die nicht einerseits der Gesetzgebung und Rechtsprechung und andererseits der Lehre und Forschung zuzuordnen sind[63]. Dabei ist es zunächst gleichgültig, ob diese staatlichen Organen, Hochschulselbstverwaltungsorganen oder sonstigen Selbstverwaltungsträgern außerhalb der Hochschulen anvertraut sind. Innerhalb der Hochschule sind „Leitung" und „Verwaltung" (Ausführung) komplementäre Funktionsbereiche, während der Erlaß der Grundordnung und von Satzungen zur „Gesetzgebung" gehört und die „Rechtsprechung" entfallen ist. Hochschulleitung, „politische Leitung" der Universität, ist die Befugnis, planend, initiierend und lenkend maßgeblich auf die Gestaltung der Einrichtung tätig zu werden (§ 62 HRG). Sie ist Aufgabe des Präsidenten/Rektors unter

---

[61] *Schuster*, Leitungs- und Verwaltungskompetenzen, in: HdbWissR, S. 281 bis 302 (281), *ders.*, Allgemeine Verwaltung, in: HdbWissR, S. 356 - 378 (358); *ders.* schon in WissR 6 (1973), S. 265.

[62] *Thieme*, HdbWissR, S. 193.

[63] *Schuster*, HdbWissR, S. 291.

Mitwirkung des Kanzlers und der zentralen Kollegialorgane. Die „Leitung" in diesem Sinne umfaßt mindestens die Außenvertretung und Öffentlichkeitsarbeit der Hochschule, den Erlaß von Richtlinien sowie die Ausübung der inneruniversitären Organaufsicht[64]. Sie muß, wenn sie überhaupt lenkend auf das Geschehen in der Hochschule einwirken will, bei der Aufgabenstellung und der Wahl der Führungsmittel eigene Wege gehen; dabei den institutionellen Freiraum sichern, Integration nach innen bewirken, an der Ausgestaltung des Bildungswesens insgesamt mitwirken und die Hochschule in dieses einordnen. Der Kernbereich von Forschung, Lehre und Studium ist der Einwirkung durch Leitungsanordnungen weitgehend entzogen[65].

Die „Ausführung" ist die operationale Kehrseite der Leitung. Sie liegt in der Hand des Kanzlers und der zentralen Verwaltung im institutionellen Sinne und besorgt die Routinegeschäfte der „laufenden Verwaltung" nach Maßgabe von Leitungsentscheidungen und Beschlüssen von Kollegialorganen. Ihre Kernaufgabe ist der Vollzug und die Bewirtschaftung des Haushalts. Sie wird aber auch entscheidungsvorbereitend und initiierend tätig; der Bereich von Forschung und Lehre ist ihr ebenso wie der Leitung verschlossen.

14. Planung

Die Planung ist in das System der Aufgaben- wie Funktionsverteilung nicht recht einzuordnen, im Verhältnis zwischen Staat und Hochschule ebensowenig wie innerhalb der Hochschule[66]. Die Planung von Forschung und Lehre erfolgt z. T. durch den Staat; umgekehrt überläßt der Staat Detailplanungen im Haushalt der Hochschule; autonome Pläne sind die Grundlage von Regierungsplänen, während zugleich staatliche Pläne alle Planvorstellungen der Hochschule weitgehend präjudizieren.

Die Schwierigkeiten sind im Institut des Planes schlechthin angelegt. Pläne, auch Hochschulpläne, sind eine erst jüngst entwickelte Handlungsform von Regierung und Verwaltung[67]. Die Besonderheit planenden Handelns liegt darin, daß künftige Entwicklungen erfaßt, programmatisch gelenkt und geleitet werden, ohne daß es Zweck und Ziel der

---

[64] *Schuster*, HdbWissR, S. 359; *Oppermann*, HdbWissR, S. 383.

[65] *Schuster*, HdbWissR, S. 293.

[66] *Thieme*, HdbWissR, S. 192.

[67] *Karpen*, Ulrich, Planung des Hochschulwesens und Grundgesetz in: Karpen, Ulrich / Knemeyer, Franz-Ludwig, Verfassungsprobleme des Hochschulwesens. Paderborn 1976, S. 9 - 43; *ders.:* Hochschulplanung, in: HdbWissR, S. 196 - 226; *ders.,* Hochschulplanung und Grundgesetz, (unveröff.) Kölner Hab. Schrift, 1980.

Planungen wäre, die künftige Entwicklung bis in die letzten Einzelheiten zu beherrschen und festzulegen[68].

Hochschulplanung ist die Planung der Hochschulen und des Hochschulwesens einschließlich der Finanzierung. Als Teilfunktion von Hochschulpolitik und -verwaltung denkt sie nicht in den Kategorien des Vollzuges, sondern der langfristigen Programmierung, der Setzung von Zielen. Die wichtigsten Arten von Hochschulplänen haben in §§ 67 - 69 HRG sowie in den Landeshochschulgesetzen[69] eine eingehende Regelung erfahren. Die Verteilung der Planungsgegenstände auf die verschiedenen Planungsträger folgt im wesentlichen der Verteilung der Agenden auf Hochschule und Staat. Die Planung der wissenschaftlichen Arbeit liegt im wesentlichen in der Verantwortung der Selbstverwaltungsorgane. Eine Planung von Forschungsergebnissen kann es nicht geben[70]. Aber Prioritätensetzung, Bildung von Schwerpunkten, langfristige (größere) Forschungsvorhaben, Teamarbeit und (notwendige) Institutionalisierung, vor allem der Finanzbedarf von Vorhaben zwingen auch im Forschungsbereich zur Anwendung von Planungs-[71] oder planungsähnlichen Instrumenten, die die traditionelle, spontane, personengebundene Forschungsfreiheit ergänzen und ihren Gebrauch vorprägen. Auch die langfristige Erneuerung und Anpassung von Studienplänen erfordert weitreichende Planungserwägungen[72]. Träger der Forschungsplanung — ebenso wie der rationalen Nachwuchsförderung und -pflege[73] — sind ausschließlich, der Studienplanung überwiegend die Hochschulen. Die Planung der „äußeren" Hochschulangelegenheiten, die Kapazitäts-, Bau-, Personal-, Ausstattungsplanung — der seit Jahren vorwiegend das Interesse der Öffentlichkeit gilt —, liegt überwiegend in staatlicher Hand[74]. Das gilt auch für die Organisationsplanung[75].

---

[68] *Wahl*, Rainer, Rechtsfragen der Landesplanung und Landesentwicklung, Bde. I und II, Berlin 1978, I, S. 33; *Fürst*, Dietrich / *Hesse*, Joachim Jens, Landesplanung, Düsseldorf 1981, S. 125. — Zur Rechtsnatur von Plänen, insbesondere staatsinternen (vs. privatrechtsgestaltenden) Plänen, vgl. *Wahl*, Bd. I, S. 107; *Wolff*, Hans J. / *Bachof*, Otto, Verwaltungsrecht I, 9. Aufl., München 1974, § 47 IX c 1; ferner BVerfGE 33, 303 (Numerus-Clausus-Urteil) und *Bekker*, H. / *Kluge*, A., Kulturpolitik und Rechnungskontrolle, Frankfurt a. M. 1960, S. 141.

[69] Vgl. statt aller §§ 99 - 101 NW WissHSG.

[70] Dazu *Flämig*, Christian, Organisation der Forschung — Grundbedingung für eine leistungsfähige Forschung an den wissenschaftlichen Hochschulen?, in: Die Rolle der Forschung in wissenschaftlichen Hochschulen, Beiheft 7 der Zeitschrift WissR, Tübingen 1979, S. 43 - 62; ferner die anderen Beiträge dieses Heftes.

[71] § 23 HRG — Forschungsplanung im Zusammenwirken mit anderen Hochschulen; § 97 NW WissHSG; vgl. auch *Becker* / *Kluge*, Kulturpolitik, S. 146.

[72] §§ 9, 20 HRG, §§ 7 - 10 und 86 NW WissHSG.

[73] Vgl. § 47 V HRG; *Karpen*, Ulrich, Hochschullehrernachwuchs und Forschungssicherung, Forum des Hochschulverbandes, Heft 9, 5. Aufl., Bonn-Bad Godesberg, Juni 1979, S. 61 f.

Die wichtigsten, institutionell am weitesten entwickelten Planarten sind:

— der Hochschulrahmenplan[76], ein mittelfristiger, nur teilverbindlicher, im übrigen influenzierender Rahmenplan der Länder und des Bundes, der primär auf Investitionsmaßnahmen bezogen ist, sich aber auch mit Problemen der Hochschulstruktur und Grundsatzfragen der Neuordnung des Studiums befaßt;

— der Hochschulgesamtplan[77], ein mittelfristiger, nur teilverbindlicher, im übrigen influenzierender, umfassender Plan für die Entwicklung des Hochschulwesens und der einzelnen Hochschulen eines Landes;

— der Hochschulentwicklungsplan[78], ein mittelfristiger Detailplan, der — die Plandaten des HRP und HGP beachtend und den Ausstattungsplänen als baubezogenen Entwicklungsplänen der Fachbereiche als Vorgabe dienend — die zukünftige Entwicklung der Hochschule und ihrer Organisationseinheiten darstellt.

„Der Plan" ist ein unter Rationalitäts-Gesichtspunkten besonders ausgefeiltes Führungsinstrument, an dem die jeweiligen Funktionsträger der „Linie" allerdings vorbereitend, ausführend, kontrollierend und fortschreibend intensiv beteiligt sind. Insofern verklammert Planung Leitungs- und Ausführungsebene. Die Planungskompetenz liegt aber überwiegend bei den Lenkungsorganen, d. h. im Staat bei der Regierung und in der Hochschule bei Leitung. Für die Finanzplanung gilt im Prinzip nichts anderes.

d) Organisation und Verfahren

15. Organisations- und Verfahrensrecht

Wie in der Kompetenzzuweisung spiegelt sich auch in Organisation und Verfahren der Hochschulselbstverwaltung die Wissenschaftsfreiheitsgarantie des Art. 5 III GG wieder. Dabei wird zunächst der Begriff „Organisation" vom Hochschulrecht in dreifachem Sinne[79] gebraucht. Organisation i. w. (externen) Sinne bezeichnet die Hochschule als ganze, in der sich Menschen zur Wahrnehmung von Forschung und Lehre zu

---

[74] Art. 91 a GG i. V. m. Hochschulbauförderungsgesetz, Kapazitätenverordnung.

[75] §§ 4 - 6 HRG.

[76] Art. 91 a GG, HBFöG, § 69 HRG, § 101 NW WissHSG.

[77] § 68 HRG, 99 NW WissHSG.

[78] § 67 HRG, § 100 WissHSG.

[79] *Wolff / Bachof*, VerwR, Bd. II, § 71 II d.

einer Einheit verbunden haben. Insofern ist die Hochschule eine Organisation. In diesem Sinne wird der Begriff verwandt, wenn die Hochschule als Organisation mit anderen Hochschulen und dem Staat in gemeinsamen Gremien, z. B. den Studienreformkommissionen (§ 9 HRG)
zusammenarbeitet. Der Begriff Organisation i. e. (internen) Sinne bezeichnet die Organe und ihre wechselseitigen Beziehungen; insofern hat
die Hochschule eine Organisation. Der Begriff Organisation im engsten
Sinne bezeichnet die organisatorische Verfassung der Hochschule, deren
Regelung den Hauptteil des HRG und der LHSchGe ausmacht. — Das
Verfahren der Erfüllung der Hochschulaufgaben und der dazu erforder-
lichen Entscheidungen ist durch den besonderen Wissenschaftsauftrag
geprägt. Es bezeichnet die geordnete Folge von Maßnahmen — von der
Entscheidungsvorbereitung über die Entscheidung selbst und ihre
Durchführung zur Kontrolle —, die der Konkretisierung des Wissen-
schaftszweckes dienen[80]. — Organisations- und Verfahrensrecht der
Hochschule sind durch Art. 5 III GG geprägt. Sie müssen so gestaltet
sein, daß sie eine effektive Forschung und Lehre fördern und gewähr-
leisten und die Hochschulen insbesondere instand setzen, auch der indi-
viduellen Komponente des Art. 5 III GG Rechnung zu tragen. Insofern
wirkt die Autonomie über das unmittelbare Verhältnis zwischen Staat
und Hochschulen auch auf die Ausgestaltung der Binnenstrukturen
ein[81]. Soweit es insbesondere das Verfahrensrecht angeht, sei auch daran
erinnert, daß Häberle[82] schon 1971 in seinem Regensburger Staats-
rechtslehrertagungs-Vortrag die Komplementärfunktion des Verfah-
rensrechts für die Grundrechtsverwirklichung herausgearbeitet und
einen status activus processualis entwickelt hat. Durch Beteiligungs-
und Anhörungsrechte werden nach seiner Auffassung Konfrontationen
zwischen Grundrechtsinteressen und „entschiedenen Vorhaben" verhindert. Das Bemühen um weitestgehenden Grundrechtsschutz durch Organisation und Verfahren wird im HRG und den LHSchGen deutlich.
Im Rahmen ihrer Anordnungen gehört die Organisationsgewalt zu den
wichtigsten Hilfsfunktionen der Hochschulleitung. Sie wird durch Erlaß einer Grundordnung und durch Einzelanordnungen ausgeübt. Der
Kanzler als Leiter der zentralen Verwaltung ist an ihrer Ausgestaltung
auch dann beteiligt, wenn es nicht ausdrücklich gesagt ist[83].

---

[80] *Wolff / Bachof*, VerwR, Bd. III, 4. Aufl., München 1978, § 156 Rn. 1.

[81] BVerfGE 35, 79 (115 f.), *Knemeyer*, HdbWissR, S. 158, 162.

[82] Grundrechte im Leistungsstaat, VVDStRL 30 (1971), S. 43 f. vgl. auch
ders., in: Verfassung als öffentlicher Prozeß, Berlin 1978, S. 677 sowie die Entscheidungen des BVerfGE 30, 43 (86 ff., 121 ff.) und E 53, 30 (69).

[83] *Schuster*, HdbWissR, S. 361.

16. Organisationsgrundsätze

Bei der Neuregelung der Hochschulorganisation haben eine Reihe
von Grundsätzen eine maßgebliche Rolle gespielt. Unter ihnen sind

— die „Gruppenuniversität";

— die Entscheidung zwischen Rektorats- und Präsidialverfassung;

— die „Einheitsverwaltung"

— sowie die Entscheidung zwischen Zentralisation und Dezentralisa-
tion, zentraler oder fachlicher Ebene

zweifellos die wichtigsten[84]. Die umstrittene Frage von Art und Umfang der Mitbestimmung aller Gruppen in den Hochschulorganen hat
durch die Entscheidung des Bundesverfassungsgerichtes zum Niedersächsischen Vorschaltgesetz[85] einen vorläufigen Abschluß erreicht[86].

In der Frage, ob die Hochschulspitze ein Rektorat oder ein Präsidium
sein soll, haben die einzelnen Bundesländer unterschiedliche Entscheidungen getroffen[87]. Obwohl die verbindliche Einführung der Einheitsverwaltung durch § 58 III HRG in erster Linie die Beseitigung einer
doppelköpfigen Außenvertretung der Hochschule bezweckt, ist sie auch
als hochschulinternes Organisationsprinzip zu verstehen. Die duale
Hochschulverfassung sah vor, daß die Selbstverwaltungsaufgaben auf
Hochschul- und Fachbereichsebene von Kollegial- und Leitungsorga-
nen[88] wahrgenommen werden. In bezug auf die nichtakademischen Angelegenheiten ist die Hochschule eine staatliche Einrichtung, eine unselbständige Anstalt. Die Wahrnehmung der Personalangelegenheiten,
des Haushalts-, Kassen- und Rechnungswesens, der Beschaffung und Bewirtschaftung von Räumen und Inventar und der Betriebstechnik vollzieht sich nicht anders als in den Behörden der unmittelbaren Staatsverwaltung. Sie oblag seit Beginn des 19. Jahrhunderts dem außerhalb
der Universität stehenden Vertreter des Ministeriums am Sitz der Universität, dem Kurator[89], soweit nicht das Ministerium selbst zur Entscheidung berufen war, in neuerer Zeit dem innerhalb der Universität

---

[84] Vgl. den Überblick bei *Thieme*, HdbWissR, S. 171; vgl. auch *Schuster*,
HdbWissR, S. 360.

[85] E 35, 79.

[86] Dazu jetzt *Karpen*, Mitbestimmung in Körperschaftsorganen und im
Personalrat — Ein Beitrag zum Problem der Inkompatibilität — DÖV 1982,
Heft 3, S. 89 - 98.

[87] Näheres bei *Thieme*, HdbWissR, S. 185 f.

[88] Vgl. im einzelnen §§ 62 - 65 i. V. m. §§ 7 - 26 HRG und die entspr. Vorschriften des LHSGe, ferner *Maurer*, Hartmut, Zur Rechtsstellung der Fachbereiche, WissR 10 (1977), S. 193 - 218.

[89] Vgl. § 3 der Kieler Mustersatzung vom 17. 11. 1928, dazu *Wende*, Erich,
Grundlagen des Preußischen Hochschulrechtes, Berlin 1930, S. 53 f.; *Thieme*,
HdbWissR, S. 185.

als selbständiges Organ wirkenden Kanzler[90]. Der leitende Verwaltungsbeamte ist nach der Kanzlerverfassung nicht eine eigenständige Behörde neben den akademischen Behörden, sondern ein Stück der Universitätsverwaltung[91]. An die Stelle dieses „Trennsystems" („Kuratorialsystem") ist heute in den meisten Hochschulen[92] das System der „Einheitsverwaltung" getreten. Ungeachtet des neuen Organisationsprinzips bleibt das Spannungsverhältnis zwischen Verwaltungspraxis und in sich ruhender Wissenschaftlichkeit nach wie vor wirksam. Es zeigt sich nicht nur in Einzelheiten der Hochschulorganisation[93], sondern vor allem in den differenzierten Formen der Staatsaufsicht, die von der bloßen Rechtsaufsicht in akademischen Angelegenheiten bis zur Fachaufsicht in Personal- und Wirtschaftsangelegenheiten reicht, wobei die Abgrenzung häufig unscharf ist[94]. Letztlich lebt das alte „duale System" in der Unterscheidung der in der Körperschaftsaufsicht und der auch der weitergehenden Fach-, Organ- und Dienstaufsicht unterliegenden Angelegenheiten fort.

Ob die staatliche Hochschulverwaltung durch Hochschulorgane (die Personal- und Wirtschaftsverwaltung) als mittelbare oder unmittelbare (durch Organleihe) Staatsverwaltung anzusehen ist, ist umstritten[95]: Art. 4 I BayHSchG hat sich für letztere Lösung entschieden[96]; die Einrichtung des Kuratoriums nach § 84 BerlHSchG spricht für erstere; Art. 5 III GG und die besondere organisatorische Selbständigkeit der Hochschulverwaltung legen es nahe, im Zweifel von der mittelbaren Staatsverwaltung auszugehen[97]: Es spricht m. a. W. eine Vermutung für die Hochschulautonomie.

---

[90] *Wolff / Bachof*, VerwR, Bd. II, § 93 VI a; *Thieme*, HdbWissR, S. 185; jetzt auch *Röken*, Heribert, Der leitende Verwaltungsbeamte bei den wissenschaftlichen Hochschulen Nordrhein-Westfalens, Schriftenreihe der Gesellschaft der Freunde der Universität Dortmund e. V., Heft 3/1968.

[91] Die Kliniken haben mit Direktorium (Vorstand) und Verwaltungsdirektor, der die Stellung des Kanzlers hat, eine weitgehend getrennte Verwaltung: vgl. § 33 IV He UniG.

[92] Vgl. § 58 III HRG und (statt aller) Art. 4 I BayHSchG sowie § 7 II Rh-PfHSchG; (noch) nicht aber z. B. in Köln u. a.

[93] Vgl. §§ 58 - 68 HRG; *Wolff / Bachof*, VerwR, Bd. II, § 93 IV d; s. a. *Meusel*, Ernst-Joachim, Zur organisationsrechtlichen Stellung des „Administrators" in Wissenschaftseinrichtungen, WissR 11 (1978), S. 97 - 114; *Knemeyer*, HdbWissR, S. 160 m. w. N. in Fn. 29.

[94] Übersicht über die Rechtsprechung: *Waibel*, WissR 5 (1972), S. 258 - 276; zur historischen Entwicklung der Aufsichtsformen: *Pleyer*, S. 19. Es gibt Stimmen, welche die Wiederherstellung der alten Kuratoriumsverwaltung für sinnvoll halten: vgl. dazu *Thieme*, Werner, Grundprobleme des Hochschulrechts, Darmstadt 1978, S. 53.

[95] *Oppermann*, HdbWissR, S. 271.

[96] Generell für diese Lösung: *Dallinger*, HRG-Komm., S. 338.

[97] *Oppermann*, HdbWissR, S. 272; *Knemeyer*, HdbWissR, S. 160.

Entscheidungsbefugnisse haben zentrale Organe (§§ 62, 63 HRG) und Organe der fachlichen Ebene[98]. Organisatorische Grundeinheit der Hochschule ist der Fachbereich (§ 64 HRG). Wissenschaftliche Einrichtungen „der dritten Ebene" — Institute, Seminare, Kliniken — werden unter seiner Verantwortung gebildet (§ 66 I HRG). Zentrale Einrichtungen — Bibliothek, Rechenzentrum, hochschuldidaktisches Zentrum — werden i. d. R. unter der Verantwortung der zentralen Ebene eingerichtet (§ 66 II HRG). § 65 HRG sieht die Einrichtung von „gemeinsamen Kommissionen" mehrerer Fachbereiche und insbesondere die Bildung von „Studienbereichen" vor. Diese Vorschrift erinnert — wie vor allem auch die viel erfolgreicheren und wesentlich stärker praktizierten „Sonderforschungsbereiche"[99] — daran, daß in der neuen Tiefengliederung der Hochschule zwischen zentraler Ebene — der Ebene der Wirtschaftsverwaltung — und fachlicher Ebene — der Ebene der Erfüllung der Primäraufgaben — etwas fehlt, was der früheren Fakultät (der „School") entspricht. Gerade die Sonderforschungsbereiche versuchen, Forscher mehrerer Fachgebiete, u. U. mehrerer Fachbereiche und Hochschulen, zusammenzufassen. Hier findet eine Organisation statt, die die „Normalorganisation" der Hochschule überlagert und mit den ihn zugewiesenen oft recht erheblichen personellen und finanziellen Mitteln Forschung innerhalb der traditionellen „Schulen" und ihrer Einrichtung betreibt[100]. Die Praxis der Sonderforschungsbereiche beweist, daß gerade eine sachgerechte Forschungsförderung durch die Maschen der neuen Hochschulorganisation fällt: die Ebene der Fachbereiche ist gegenwärtig zuständig und auch kompetent, aber es gibt Tendenzen der Gleichverteilung und der Interessenkollision; außerdem wird schon eine mittelfristige Planung durch allzulange Wahlperioden der Gremien behindert. Die zentrale Ebene kann qualifizierte Forschung über die ganze Hochschule fördern und die Ressourcen besser ausnutzen; die Treffsicherheit ihrer Entscheidungen wird aber durch größere Fachferne behindert. Um diese Schwierigkeiten zu beheben, hat der Wissenschaftsrat[101] vorgeschlagen, auf zentraler Ebene eine Kommission, gegebenenfalls ein unabhängiges Forschungskuratorium zur Vorbereitung der Entscheidung der Hochschulorgane einzurichten.

---

[98] § 66 Rh-PfHSchG.

[99] Dazu *Letzelter*, Franz, Die Deutsche Forschungsgemeinschaft, in: Hdb-WissR, S. 1180 - 1196 (1181 f.).

[100] *Thieme*, HdbWissR, S. 177.

[101] Empfehlungen zur Forschung und zum Mitteleinsatz in den Hochschulen, verabschiedet am 6. Juli 1979, S. 25 f.

17. Verfahrensgrundsätze

Wie die Organisation wird auch das Verfahren der Hochschulverwaltung durch einige spezifische Grundsätze bestimmt:

— Die Hochschulverwaltung ist eine „partizipatorische Verwaltung" in dem Sinne, daß für Entscheidungen ein hoher Aufwand an Abstimmungen erforderlich ist, während es kaum selbständige Entscheidungen der Führungsorgane gibt: das erfordert Zeit und Kraft.

— Sie ist auch in steigendem Umfange eine „repräsentative Verwaltung", obwohl die Willensbildung durch gewählte Vertreter letztlich nicht zur Hochschule paßt, in der — jedenfalls — jeder Wissenschaftler „nur sich selbst vertritt". Der in Art. 5 III GG bestimmte Autonomiegehalt hat sich in der überorganisierten Hochschule immer stärker von der Garantie der Selbstbestimmung zur Gewährleistung der Mitwirkung[102] entwickelt. Vom einzelnen ist in Gesetzen und Satzungen leider selten die Rede. Gleichwohl sind seine Ideen, seine Planung, seine sparsame Mittelverwendung die wichtigsten Voraussetzungen einer sparsamen Mittelverwendung und zugleich effizienten Erfüllung der Primäraufgaben der Hochschule.

— Letztlich ist Hochschulverwaltung weitgehend „öffentliche Verwaltung" (§ 40 HRG) i. d. S., daß kaum vertrauliche Entscheidungen möglich sind. Dabei ist dem alten Erfahrungssatz, daß zu viel Öffentlichkeit die eigentliche Entscheidung in die Vorbereitungsphase verdrängt, kaum zureichend Rechnung getragen worden.

18. Organisation und Verfahren im einzelnen

Organisation und Verfahren der Hochschulverwaltung sind in den Hochschulgesetzen des Bundes und der Länder mit großer Liebe zum Detail geregelt. Es gibt Organe der Hochschulzusammenarbeit (§§ 5, 6 HRG) und der Zusammenarbeit der Hochschule mit dem Staat (§ 9 HRG). Auf der zentralen wie der fachlichen Ebene unterscheidet man kollegiale Beschluß- und monokratische oder kollegiale Konkretionsorgane: Versammlung (Konzil), Senat und Präsident, Präsidium/Rektor, Rektorat einerseits sowie Fachbereichsversammlung, Fachbereichsrat und Dekan andererseits. Die Organisation wird dichter — auf der anderen Seite die Arbeitsmöglichkeiten effizienter — durch eine Vielzahl von Hilfsorganen und Organteilen, die als „Ausschüsse", „Kommissionen", „Stäbe" etc. die Arbeit von (Kollegial-)Organen vorbereiten und ausführen, unterstützen im weitesten Sinn. Dabei sind „Ausschüsse" solche Gremien, denen ausschließlich Mitglieder der sie einsetzenden

---

[102] *Knemeyer*, HdbWissR, S. 153.

Kollegialorgane angehören, während „Kommissionen" auch Nichtmitglieder angehören[103]. Solche Hilfsorgane werden vornehmlich bei den zentralen Gremien insbesondere beim Senat[104], aber auch beim Fachbereich[105], und vornehmlich für Finanz- und Planungsfragen[106], aber auch für sonstige Aufgaben[107] gebildet. — Das Verfahren der Hochschulorgane richtet sich im einzelnen nach den Agenden, wobei die Gesetze den Verfahrensschritten in Fragen des Haushaltes und der Planung besondere Aufmerksamkeit widmen.

---

[103] Vgl. § 80 NsHSchG.

[104] Art. 21 BayHSchG; § 80 BerlHSchG; §§ 88 und 126 II HbgHSchG; § 18 HeUniG; § 93 NsHSchG; § 22 NWWissSchG; § 67 Rh-PfHSchG; §§ 23, 28, 31 SaaUniG; §§ 41, 43 SHHSchG.

[105] § 25 HeUniG; § 114 NsHSchG; § 28 V NWWissSchG; § 67 Rh-PfHSchG.

[106] Art. 21 BayHSchG; § 80 BerlHSchG; §§ 88 und 126 II HbgHSchG; §§ 18, 25 HeUniG; § 93 NsHSchG; § 114 NsHSchG; § 22 NWWissSchG; § 23 SaaUniG; §§ 41, 43 SHHSchG.

[107] Art. 81 I 2 BayHSchG (Rechnungsprüfungsausschuß); § 28 V NWWissHSchG.

II. Hochschulfinanzierung

a) Herkunft und Einsatz der Mittel

19. Hochschulfinanzierung

Die Hochschulfinanzierung stellt eine besonders empfindliche Nahtstelle zwischen Hochschule und Staat dar. Weil Forschung und Lehre von — überwiegend staatlicher — Finanzierung abhängen, wäre gerade hier eine kondominale Zusammenarbeit von Selbstverwaltung und Staatsverwaltung angebracht[1]. Die Möglichkeiten der Hochschulen, auf die Vermögensausstattung und -verwaltung Einfluß zu nehmen, entsprachen jedoch nie der Bedeutung der Finanzierung. Die Geschichte des deutschen Hochschulwesens ist vielmehr von zunehmender Abhängigkeit der ursprünglich auch finanziell unabhängigen Universitäten von staatlicher Alimentierung geprägt[2]. Mit ihr gingen wachsende Regelungs- und Aufsichtsrechte einher. Auch im Zuge der jüngsten Hochschulreform hat der Staat in der Finanzverwaltung keine Entscheidungsbefugnisse aufgegeben[3].

Die staatlichen Mittel fließen den Hochschulen überwiegend über die Haushalte der Länder zu; sie sichern die Grundfinanzierung. Die aus anderen Quellen stammenden Drittmittel, die der Hochschule auf Initiative von Forschern oder Auftraggebern zufließen, können nur eine Ergänzungsfunktion haben. Dem Umfang und der Zwecksetzung nach bilden die aus Mitteln der Deutschen Forschungsgemeinschaft stam-

---

[1] Vgl. dazu BVerfGE 35, 79 (123); *Wolff / Bachof*, VerwR, Bd. II, § 93 I; *Zeh*, S. 116 f.; *Bley*, S. 8.

[2] Dazu im einzelnen *Pleyer*: Lebte die mittelalterliche Universität weitgehend unabhängig von Pfründen und Stiftungen (S. 15 ff.), so erforderten die sich ständig erhöhenden Bedürfnisse im Territorialstaat des 16. - 17. Jhds. die Erschließung neuer Geldquellen, die eben nur beim Staat zu finden waren (S. 35 f.); steigender Finanzbedarf und Aufkommen des absoluten Polizeistaates führten schon im 17. - 18. Jhd. zu weitgehender Staatsabhängigkeit (S. 44 f.). Im 18. und frühen 19. Jhd. wurden die Hochschulen auf den Staatshaushalt übernommen (S. 48 f., 73 f.). Um die Mitte des 19. Jhds. waren die Grundzüge der gegenwärtigen Hochschulfinanzverfassung bereits festgelegt (S. 107 f.).

[3] *Oppermann*, Thomas, Hochschulfinanzierung — Status, Tendenzen und Chancen, WissR 2 (1969), S. 1 - 16; *Roellecke*, Gerd, Berufsvereinbarungen und Organisationsgewalt, WissR 9 (1976), S. 1 - 27 und 141 - 161; *Thieme*, Werner, Grundprobleme des Hochschulrechts, Darmstadt 1978, S. 46 f.

menden zusätzlichen Einnahmen unter den Drittmitteln eine besondere Quelle: Sie fließen der DFG aus den Haushalten des Bundes und der Länder zu und sind für die Forschungsförderung bestimmt. Sonstige Mittel, die als Körperschaftsvermögen von den Hochschulen selbst verwaltet werden, spielen nur eine untergeordnete, ergänzende Rolle. — Das so gekennzeichnete Mischfinanzierungssystem ändert aber nichts daran, daß die deutschen Hochschulen — im Unterschied etwa zum Hochschulwesen anderer Staaten, etwa der USA oder Frankreichs — fast vollständig von staatlichen Zuwendungen abhängig sind. Das wird deutlich, wenn man die Relationen der Finanzierung einer großen Hochschule, etwa der Universität Köln, betrachtet: ausweislich des Haushaltsplanes 1982 beträgt der Gesamtetat ca. 500 Mio DM; aus Mitteln der DFG stammen demgegenüber ca. 20 Mio DM, aus Körperschaftsvermögen ca. 500 000,— DM[4].

Soweit es die Ausgabenseite angeht, muß man zwischen Personalmitteln und Sachmitteln unterscheiden; letztere gliedern sich insbesondere in Investitionsausgaben und sächliche Verwaltungsausgaben (fortlaufende Haushaltsausgaben)[5]. Der Anteil der Personalausgaben an den Gesamtausgaben beträgt 70 - 80 %; die Tendenz ist steigend. Auch haushaltsmäßig wird nach dem Grundsatz der Einheit von Forschung und Lehre verfahren; jedoch ist es eine zunehmend geübte Praxis, für bestimmte Forschungs- und Lehraufgaben besondere Ausgabenpositionen anzusetzen. Das gilt insbesondere für die i. d. R. mischfinanzierte Forschung. Insoweit ist grundsätzlich zwischen institutioneller Forschungsförderung im Rahmen der Grundausstattung und Projektförderung zu unterscheiden[6]. Die staatlichen Haushaltsmittel dienen primär dem Grundbedarf; Drittmittel und Körperschaftsvermögen überwiegend darüber hinausgehenden Bedürfnissen[7]. Gerade in bezug auf die Forschungsförderung bilden die Personalausgaben den Hauptanteil: 1980 standen ca. 52 700 planmäßige Stellen für wissenschaftliches Personal zur Verfügung; hinzu kamen etwa 15 000 aus Drittmitteln vergütete Wissenschaftler[8].

20. Insbesondere: Finanzierung aus dem Staatshaushalt

Die wichtigste Finanzquelle der Hochschulen ist der Staatshaushalt. Bis auf die Berliner Universitäten werden alle[9] Hochschulen unmittel-

---

[4] Haushaltsplan 1982 und Auskunft des Kanzlers.

[5] *Schuster*, HdbWissR, S. 333 f.

[6] Wissenschaftsrat, Mitteleinsatz, S. 21.

[7] *Bley*, S. 70 f.

[8] Wissenschaftsrat, Mitteleinsatz, S. 13; an Forschungseinrichtungen außerhalb der Hochschulen standen ca. 13 000 Wissenschaftlerstellen zur Verfügung.

bar[10] aus dem Landesetat finanziert[11]. Sie haben keinen eigenen Haushalt[12]. Der Hochschulhaushalt ist vielmehr Teil des Staatsbudgets, und zwar des Einzelplanes für das Kultus- oder Wissenschaftsressort. Staatsmittelbar finanziert werden nur noch die Berliner Hochschulen[13]. Das Land Berlin gewährt ihnen als Körperschaften des öffentlichen Rechts je einen Globalzuschuß, der im Einzelplan der Senatsverwaltung für Wissenschaft und Künste als solcher nachgewiesen ist. Die Hochschulen stellen eigene Haushaltspläne auf. Im Hochschulkuratorium ist der Senator für Wissenschaft und Künste vertreten. Anschaffungen aus Haushaltsmitteln fallen in das Körperschaftseigentum. Grundstücke und Gebäude stehen jedoch meist im Eigentum des Staates.

Die Staatsmittel dienen — soweit sie allein aus dem Landesetat stammen — zur laufenden Unterhaltung und Verwaltung der Hochschulen, insbesondere zur Deckung der Kosten der Lehre, zur Deckung der Grundkosten der Forschung sowie zur Erledigung sonstiger Aufgaben. Bisher gibt es nur unzureichende Möglichkeiten, in der Hochschule Fonds für die Zusatzfinanzierung von Forschungsprojekten und Bedürfnissen der Lehre zu bilden[14]. Soweit die Mittel zur Erfüllung der „Gemeinschaftsaufgabe Hochschulbau" (Art. 91 a GG, Hochschulbauförderungsgesetz) von Bund und Ländern gemeinsam zur Verfügung gestellt werden, dienen sie dem Aus- und Neubau von Hochschuleinrichtungen sowie der Anschaffung von Großgeräten für die Forschung (über 150 000,— DM Anschaffungskosten).

21. Drittmittel, insbesondere Mittel
der Deutschen Forschungsgemeinschaft

Die staatlichen Etatmittel decken i. d. R. nur den Grundbedarf der Hochschule. Drittmittel sind Zusatzmittel zur Befriedigung des Bedarfs, der sich aus einer besonderen, i. d. R. der Forschungs-Kompetenz einer

---

9 Die früheren Stiftungsuniversitäten Frankfurt a. Main und Köln wurden 1953 bzw. 1954 auf die jeweiligen Landeshaushalte übernommen.

10 *Bley*, S. 7 f.

11 Vgl. statt aller § 106 BreHSchG; § 97 Rh-PfHSchG; § 20 SHHSchG.

12 *Oppermann*, Kulturverwaltungsrecht, S. 350; *Meinecke*, Manfred, Rechtsfragen der Gewährung und Rückforderung von Zuwendungen gemäß §§ 23, 44 BHO, WissR 12 (1979), S. 29 - 52; *Hall*, Karl-Heinrich, Zur Finanzverfassungsreform der Hochschulen, DUZ 1970, Heft 19, S. 7 - 12; *Bartels*, Hans G., Über Hochschulhaushalte und deren Vergleichbarkeit, WissR 5 (1972), S. 124 bis 135; *Tettinger*, Peter J., Zur Rechtsstellung von „Instituten an der Universität", in: Forum des Hochschulverbandes, Heft 20, Bonn-Bad Godesberg, Mai 1980, S. 46 f.

13 *Bley*, S. 45. Vgl. § 112 BerlHSchG. Das Saarland hat die staatsmittelbare Finanzierung mit dem neuen Universitätsgesetz wieder abgeschafft (§ 43 UniG).

14 Wissenschaftsrat, Mitteleinsatz, S. 22 f.

Hochschule und dem unterschiedlichen wissenschaftlichen Engagement des einzelnen Wissenschaftlers ergibt, vor allem bei neuen Projekten und deren besonderen Bedürfnissen, die auch im Rahmen der längerfristigen staatlichen Haushaltsplanungen kaum berücksichtigt werden können[15]. Der Begriff „Drittmittel" ist gesetzlich nicht definiert, in § 25 I HRG nur negativ umschrieben als die nicht der Hochschule zur Verfügung stehenden Haushaltsmittel. Haushaltsrechtlich sind Drittmittel Zuwendungen i. S. von § 23 BHO, d. h. Mittel, die von einem außerhalb der eigenen Verwaltung stehenden Dritten bereitgestellt werden. Die Landeshochschulgesetze enthalten besondere Vorschriften über die Verwendung von Drittmitteln. Sie sehen i. d. R. vor, daß gegen den Einsatz von Drittmitteln nichts einzuwenden ist, wenn die Erfüllung der Aufgaben der Hochschule nicht beeinträchtigt wird, keine Folgelasten für den Staat entstehen, die Vorhaben angezeigt und ihre Ergebnisse veröffentlicht werden[16]. Die Bedeutung der Drittmittel für die Wissenschaft wird daraus deutlich, daß die aus Drittmitteln finanzierte Forschungskapazität der Hochschulen nahe an den Forschungsaufwand herankommt, der aus Etatmitteln finanziert wird[17]. Drittmittel stammen aus Ressorts des Bundes und der Länder, aus gemeinnützigen Einrichtungen und Stiftungen und Wirtschaftsunternehmen. Teilweise[18] sieht das Landesrecht vor, unmittelbar oder mittelbar aus öffentlichen Mitteln finanzierte Drittmittelprojekte seien mit Vorrang zu berücksichtigen. Mittelbar aus öffentlichen Mitteln stammen insbesondere die DFG-Mittel, die jedoch nicht als „Drittmittel" i. e. S. gelten und deshalb auch nicht den strengen Haushaltsvorschriften unterliegen[19]. Hingegen sind die für die institutionelle Förderung von Sonderforschungsbereichen bewilligten Gelder „Beiträge Dritter", die in den Hochschuletat übernommen werden[20]. Die DFG ist eine als e. V. des BGB organisierte zentrale Selbstverwaltungsorganisation, die die ihr von Bund, Ländern und dritter Seite — insbesondere von Stiftungen — zur Verfügung gestellten Mittel für die Forschungsförderung vergibt[21]. Die pri-

---

[15] *Heckmann*, Lothar, Drittmittelforschung, in: HdbWissR, S. 966 - 991 (967).

[16] Art. 7 b BayHSchG; § 53 BerlHSchG; § 73 BreHSchG; § 78 I 2 HbgHSchG; § 33 HeHSchG; § 35 NsHSchG; § 98 WissHSchGNW; § 13 Rh-PfHSchG; § 13 II, III SaaHSchG; § 3 III 4 SHHSchG; gelegentlich werden auch Fragen des Nutzungsentgeltes, der Auswahl der Mitarbeiter etc. geregelt.

[17] 1980 1,4 Mrd. DM, vgl. Wissenschaftsrat, Forschung mit Mitteln Dritter (1982), S. 7 ff.

[18] § 74 I BreHSchG.

[19] Sie unterfallen insbesondere nicht dem Vollständigkeitsprinzip, sind deckungsfähig und übertragbar; dazu auch *Bley*, S. 100 ff.

[20] Mitteilungen der DFG, 4/74 (Sonderforschungsbereiche), S. 55; *Avenarius*, Hermann, Sonderforschungsbereiche und Hochschulen, WissR 4 (1971), S. 252 bis 258; *Müller-Gastel*, Thomas, Rechtliche Probleme der Sonderforschungsbereiche. Eine Untersuchung über die Förderung und Planung der Hochschulforscher im Spannungsfeld des Bundesstaates, Diss. iur. Berlin 1975.

vaten Stiftungen erfüllen in größerer Staatsferne als die DFG wichtige Aufgaben der ergänzenden und trendkorrigierenden Forschungsförderung; sie leisten häufig Pionierarbeit[22]. Ihre Förderung ist eher persönlicher und projektbezogener denn institutioneller Art[23]. — In vielen Hochschulen werden letztlich auch im Auftrage Dritter Forschungsvorhaben ausgeführt, wenn ihre Durchführung dem Wesen und der Aufgabe der Hochschule nicht widerspricht[24].

Empfänger der Drittmittel[25] ist entweder eine einzelne Person oder die Hochschule, letzteres vor allem im Blick auf die Forderung von § 25 HRG; de facto werden Drittmittel — vor allem auch Stiftungsmittel — der Hochschule mit einer Zweckbindung für einen Wissenschaftler und sein Projekt überlassen. Die DFG unterstützt mit ihren Zuwendungen grundsätzlich die Arbeit des einzelnen Forschers, nicht also eines Institutes. Das ist das Wesen der antragsinitiierten und aussichtsorientierten Projektförderung, der Verstärkung der institutionellen Förderungsmittel[26]. Dennoch „empfiehlt" die DFG, für die Abrechnung der Mittel die zuständige Amts(Hochschul-)kasse in Anspruch zu nehmen[27]. Aus den Mitteln werden Sachbeihilfen, Druckbeihilfen, Reisekosten, Stipendien für den wissenschaftlichen Nachwuchs, Forschungsfreisemester etc. bezahlt.

Aus einem Sonderprogramm des DFG (Art. 91 b GG) werden Sonderforschungsbereiche als längerfristige, aber nicht auf Dauer geplante Forschungsschwerpunkte gefördert[28]. Es handelt sich also um eine Art „halbinstitutioneller Förderung". Sonderforschungsbereiche können hochschulübergreifend oder innerhalb der Hochschule eingerichtet werden, im letzteren Falle als zentrale[29] oder fachbereichszugeordnete wissenschaftliche Einrichtung oder auch als besondere Form organisierter Drittmittelforschung[30].

---

[21] DFG-Hinweise für Antragsteller, Bonn 1981, S. 5.

[22] Dazu *Karpen*, Ulrich, Gemeinnützige Stiftungen im pluralistischen Rechtsstaat (Neuere Entwicklungen des amerikanischen und deutschen Stiftungs-(Steuer-)rechtes, Frankfurt 1980, S. 73 f.

[23] Vgl. § 98 III WissHSchGNW allgemein und § 91 SaaUniG mit ausführlicher Regelung der Förderung durch Stiftungen, vor allem auch von Stiftungsstellen und Stiftungsinstituten. Im einzelnen statt aller die Förderungsrichtlinien der Fritz-Thyssen-Stiftung, Köln, vom 1. 2. 1980.

[24] Vgl. § 13 III SaaUniG.

[25] *Heckmann*, HdbWissR, S. 969.

[26] *Bley*, S. 100.

[27] DFG-Hinweise für Antragsteller, 7. Aufl., Wiesbaden 1972, S. 5; *Bley*, S. 100 f.

[28] *Bender*, Gisela, Forschungseinrichtungen der Hochschule, in: HdbWissR, S. 919 - 947 (939); *Müller*, Burkhart, Zentrale Wissenschaftliche Einrichtungen, in: HdbWissR, S. 1046 - 1068 (1051).

[29] Nach § 66 II HRG; so der DFG-Vorschlag.

Letztlich werden aus Drittmitteln auch — in „vollinstitutioneller Förderung" — „Institute an der Universität"[31] gefördert. Es handelt sich dabei um solche wissenschaftlichen Einrichtungen, die sich vornehmlich Forschungszwecken widmen, deren Gründer und Finanziers i. d. R. selbständige juristische Personen (zumeist privatrechtliche Vereine oder Stiftungen) sind und die — nach Maßgabe entsprechender Entscheidungen der zuständigen Hochschulorgane — gegebenenfalls auch nach Anerkennung durch die Regierung — im Einvernehmen mit ihrem Träger einer Hochschule angegliedert sind. Ihr Zweck ist i. d. R. der Anschluß von Vorhaben der Zweckforschung an die Hochschule. Hierzu gehören auch die akademischen Lehrkrankenhäuser.

22. Körperschaftsmittel

Wie Drittmittel — wenn auch in beträchtlich geringerem Ausmaß — dienen Körperschaftsmittel der Hochschulen der personen- und projektorientierten Zusatzförderung von Forschung, Lehre und der Erfüllung sonstiger — vor allem auch sozialer — Aufgaben. Körperschaftsmittel[32] sind zunächst die Erträgnisse von Körperschaftsvermögen[33], neue Zuwendungen Dritter an die Hochschulkörperschaft, unselbständige Stiftungen sowie auch Stiftungen mit eigener Rechtspersönlichkeit[34]. Der Grundstock ist heute der Rest des einstmals für die Eigenfinanzierung der Universität bestimmten körperschaftseigenen Stammvermögens. Die vor allem der Selbstverwaltung[35] der Hochschule unterliegende Eigenfinanzierung spielte früher eine überragende, heute jedoch eine marginale Rolle. Selbst bei reichen Universitäten, wie etwa Freiburg[36], beträgt die Zusatzfinanzierung nur einen Bruchteil der staatlichen Finanzierung. Das liegt nicht nur an dem gestiegenen Mittelbedarf und am Rückgang der Spendenfreudigkeit, sondern ist z. T. auch auf die übermäßige Bürokratisierung bei der Verwaltung des Körperschaftsvermögens zurückzuführen. Zuwendungsgeber bevorzugen es häufig, ihre Leistungen über private Vereinigungen[37] abzuwik-

---

[30] § 32 BWUniG; § 53 IV BerlHSchG; § 76 BreHSchG (dem Senat zugeordnet); § 75 HbgHSchG; § 33 VI HeHSchG; § 33 NsHSchG (dem Senat zugeordnet).

[31] *Tettinger*, Peter J., Forschungseinrichtungen an der Hochschule, in: HdbWissR, S. 948 - 965 (949); *ders.*, in: „Rechtsstellung", S. 49 f.

[32] § 106 BHO; § 119 BWUniG; Art. 78 - 82 BayHSchG; § 105 NWWissHSchG; § 22 SHHSchG.

[33] Art. 78 II BayHSchG; *Bley*, S. 102 f.

[34] *Bley*, S. 102 f.

[35] *Schuster*, HdbWissR, S. 343.

[36] Dazu *Bley*, S. 102 ff.

[37] z. B. Fördervereine, Freundesgesellschaften, auch selbständige Stiftungen.

keln, weil sie ihre Zwecke auf diesem Wege effizienter und weniger
aufwendig erreichen. Hiermit hängt das Problem des „Zuwendungs-
empfängers" zusammen[38]. Im Einzelfall kann zweifelhaft sein, ob Zuwendungen in das Körperschaftsvermögen oder in das auch der Unterhaltung der Hochschule dienende Landesvermögen fallen sollen. Da er-
fahrungsgemäß wenig Neigung besteht, dem Staat etwas zu schenken,
wird man im Zweifel davon auszugehen haben, daß der Zuwender die
Körperschaft hat bedenken wollen[39]. Zuwendungen erfolgen i. d. R. an
die Universitätskörperschaft, können aber auch an Fakultäten/Fach-
bereiche gerichtet werden. Die Fakultäten werden heute allgemein als
nicht privatrechtsfähige Teilkörperschaften der Universitätskörperschaft qualifiziert[40]. Ihr Vermögen ist ein Sondervermögen der Universitätskörperschaft, der im privatrechtlichen Verhältnis zu den Fakultäten die Stellung einer übergeordneten Trägerpersönlichkeit, eines
„Muttergemeinwesens" zukommt. Gelegentlich gibt es auch Zuwendungen an nichtrechtsfähige Institute[41]. Das Eigenvermögen der Universität, dessen Erträgnisse den Hauptteil der laufenden Körperschaftsmittel ausmachen, ist getrennt vom Staatsvermögen zu verwalten und
nachzuweisen. Daneben gibt es laufende und neue Zuwendungen von
privater Seite, insbesondere aus dem Kreis der Wirtschaft, von privaten[42] oder öffentlichen Verbänden oder Organisationen, von Städten[43],
Kreisen und Gemeinden. Solche Zweckzuwendungen ohne Stiftungs-
charakter können als Geld- oder Sachzuwendungen geleistet werden[44].
Körperschaftsmittel sind im übrigen vor allem auch die Erträgnisse der
„unselbständigen (Universitäts-)Stiftungen"[45]; diese sog. „Treuhand-
stiftungen" oder „fiduziarischen Stiftungen" sind nicht rechtsfähig, vielmehr Vermögensteil des Universitätsvermögens, werden jedoch vom
Träger als zweckgebundenes Sondervermögen nach dem Willen des
Stifters verwaltet[46]. Daneben gibt es natürlich auch rechtsfähige Stif-

---

[38] *Bley*, S. 91.

[39] Anders wohl der Entwurf eines Erlasses des Ministers für Wissenschaft
und Forschung des Landes NRW betr. Körperschaftsvermögen und Körperschaftshaushalt vom 1. Aug. 1980 (ZA 2 — 4013 — 81) unter A. Diese Auffassung ist abzulehnen.

[40] *Bley*, S. 65, 66.

[41] *Bley*, S. 92.

[42] So z. B. der „Studentenförderungsfonds" der Universität zu Köln, der
aus dem Vereinsvermögen des Studentenwerks (vor Umwandlung in eine
Anstalt) übernommen wurde.

[43] So z. B. der laufende Zuschuß der Stadt Köln zur Finanzierung der ehe-
mals städtischen Universität.

[44] *Bley*, S. 128.

[45] *Flämig*, Christian, Wissenschaftsstiftungen, in: HdbWissR, S. 1197 - 1234
(1200); *Neuhoff*, Klaus, Stiftungen an Universitäten und Hochschulen, WissR
3 (1970), S. 19 f.; Übersicht in: Deutsche Stiftungen für Wissenschaft, Bildung
und Kultur, Baden-Baden 1969, S. 359 f.

tungen im Universitätsbereich, die nicht von der Körperschaft getragen werden, mit ihr jedoch in einem engen Verwaltungszusammenhang stehen[47].

Der Rahmen für den Einsatz der Körperschaftsmittel ist weit gespannt. Er reicht von der Erhaltung von Instituten, Bibliotheken und Sammlungen über die Finanzierung von Stiftungslehrstühlen, die Unterhaltung von Studenten, die Förderung von Veranstaltungen und Gemeinschaftseinrichtungen bis zur Unterhaltung von Fachschaftshäusern etc. Körperschaftsmittel dürfen allerdings nur für Aufgaben der Hochschule eingesetzt werden[48], wobei die privatrechtlichen Zweckbindungen und Auflagen beachtet werden müssen. Bei allen Zuwendungen an die Universität oder einzelne ihrer Mitglieder tritt — wie bei Drittmitteln — der Charakter des Zusätzlichen deutlich in Erscheinung[49]. Die Leistungen sollen i. d. R. nicht das Land entlasten, sondern der Hochschule Mittel zur selbständigen Verfügung an die Hand geben.

b) Die Finanzverfassung der Hochschulen im Spannungsfeld zwischen Staatsverwaltung und Selbstverwaltung

23. Zuständigkeiten von Hochschule und Staat

Gegenwärtig haben die Hochschulen — wie seit dem Beginn des 19. Jahrhunderts immer — nur einen sehr begrenzten Einfluß auf die Planung, Zuteilung und Verwaltung ihrer Finanzmittel. Haushaltsrechtlich werden die staatsunmittelbar finanzierten Hochschulen als unselbständige Staatsanstalten angesehen. Sie haben keine Finanzautonomie. Zwar wirken sie bei der Aufstellung des Haushaltsplanes mit; das ist nur in einigen Ländern Selbstverwaltungsaufgabe[50]. Auf die Verabschiedung des Budgets können sie jedoch nicht Einfluß nehmen; die Bewirtschaftung ist ihnen als staatliche Aufgabe zur Erfüllung nach weitergehender Aufsicht (Auftragsangelegenheit) übertragen[51].

Größer ist der Entscheidungsspielraum der Hochschulselbstverwaltung im Hinblick auf sonstige Finanzierungsquellen, also Körperschaftsvermögen, Zuwendungen Dritter und Förderungsmittel der Deutschen

---

[46] *Bley*, S. 125 f., 131 f.; vgl. Satzung des „Allgemeinen Stiftungsfonds der Universität zu Köln" vom 17. 3. 1967.

[47] *Bley*, S. 140; Freiburg hat über 80 solcher Stiftungen.

[48] Art. 78 III BayHSchG; *Bley*, S. 75.

[49] *Bley*, S. 71.

[50] § 18 II HeSchG; § 74 Nr. 6 NsHSchG; anders: Art. 4 III 2 BayHSchG; § 17 II 2 SaaHSchG; kommt dazu: *Oppermann*, HdbWissR, S. 279 mit Fn. 79/80.

[51] § 59 II HRG; vgl. § 20 HeHSchG; auch § 75 I Nr. 1 NsHSchG.

Forschungsgemeinschaft. Den Hochschulen fließen auf diese Weise aber
— wie gezeigt — nur marginale Mittel zu, die an der Abhängigkeit von
staatlicher Grundfinanzierung wenig ändern und das „Unnatürliche"
der fast vollständigen Fremdfinanzierung eines autonomen Verbandes
erst recht ins Bewußtsein rücken[52].

Selbst wenn man an der herkömmlichen Dichothomie von akademischen (Selbstverwaltungs-)Angelegenheiten und (staatlicher) Personal-,
Wirtschafts-, Haushalts- und Finanzverwaltung festhalten wollte, ist es
wegen Art. 5 III GG bedenklich[53], im Katalog des § 59 II HRG an der
ausschließlichen Zuordnung der Vorbereitung des Haushaltes zu den
staatlichen Aufgaben festzuhalten. Darüber hinaus wird gerade an den
Finanzangelegenheiten deutlich, daß die alte „Zweibereichsvorstellung"
nicht mehr ausreicht. Wenn die akademische Selbstverwaltung den
Sinn hat, den Wissenschaftlern in Wissenschaftsangelegenheiten eine
verbindliche oder doch bestimmende Stellungnahme ohne Staatseinfluß
zu gestatten, so läßt sich nicht danach entscheiden, ob eine Verwaltungs-
aufgabe Geld kostet oder nicht. Der Zusammenhang zwischen von der
Kanzlerverwaltung gesteuerten Haushalts- und Personalmitteln einerseits und der Aufgabenerfüllung mit diesen Mitteln liegt auf der Hand.
Einige der finanzrelevanten Entscheidungen müssen heute im Sinne des
„Dreibereichsbildes" — dem Kooperationsbereich zugerechnet werden.

Erweiterung des Bereiches autonomer Entscheidung der Hochschule
in Finanzangelegenheiten und stärkere Beteiligung auch an den staatlichen Willensbildungsprozessen ist die Leitlinie[54], an der sich die Auslegung des geltenden Rechtes orientieren sollte. Im übrigen stellen sich
Staats- und Hochschulanteile an der Mittelverteilung und -verwaltung
in den Bereichen Staats-, Drittmittel- und Körperschaftsmittelfinanzie-
rung differenziert dar.

24. Staatsfinanzierung

Da die Hochschulen unmittelbar über die Landeshaushalte finanziert
werden, ist ihre Finanzverwaltung durch das staatliche Haushaltsrecht
geregelt, d. h. durch das Haushaltsgrundsätzegesetz des Bundes (HGrG)
und die Haushaltsordnungen der Länder (LHO). Damit sind auch die
allgemeinen Haushaltsgrundsätze[55] — mit wenigen Sondervorschriften

---

[52] *Bley*, S. 74.

[53] *Oppermann*, HdbWissR, S. 269.

[54] Wissenschaftsrat, Mitteleinsatz, S. 54, 62; *Schuster*, HdbWissR, S. 333.

[55] Dazu *Krüger-Spitta*, Wolfgang und *Bronk*, Horst, Einführung in das
Haushaltsrecht und die Haushaltspolitik, Darmstadt 1973, 68 f.; *Patzig*, Wer-
ner, Das Haushaltsrecht des Bundes und der Länder, Baden-Baden 1981,
S. 109 f.

— auf die Hochschulfinanzverwaltung anwendbar. Diese von der Finanz-
wissenschaft herausgearbeiteten Prinzipien dienen in erster Linie dem
Zweck, die Macht von Regierung und Verwaltung durch ein lückenloses
Kontrollsystem zugunsten des Parlaments zu beschränken. Außer dem
Verfahrensgrundsatz der Öffentlichkeit und den der Rechnungskon-
trolle dienenden Prinzipien der Wirtschaftlichkeit und Sparsamkeit
sind für die Hochschulfinanzierung die folgenden drei Grundsätze von
Bedeutung:

— der Grundsatz der Einheit des Budgets, das Bruttoprinzip[56], welches
für begrenzte Bedürfnisse zur Förderung sparsamer Wirtschaftsführung durch die Veranschlagung von Selbstbewirtschaftungsmitteln
durchbrochen werden kann[57];

— der Grundsatz der sachlichen (quantitativen und qualitativen) Bindung, das Spezialitätsprinzip[58], das nur in begrenztem Umfang die
Deckungsfähigkeit von Ausgaben zuläßt[59];

— der Grundsatz der zeitlichen Bindung, das Prinzip der Vorherigkeit
und Jährlichkeit des Haushaltes[60], von dem durch Übertragung und
Vorgriff Ausnahmen gemacht werden können[61].

Die Kritik an der Anwendung der Haushaltsgrundsätze auf die Hochschulfinanzierung ist ebenso alt wie fundiert. Ihre Anwendung auf die
Hochschule muß nicht nur im Einklang mit der verfassungsrechtlichen
Selbstverwaltungsgarantie stehen, sondern sollte auch die Flexibilität
ermöglichen, die den besonderen Verhältnissen von Forschung und
Lehre angemessen ist. Das ist jedoch nicht der Fall. Die Haushaltsgrundsätze wollen auf die Hochschul- und Wissenschaftsverwaltung
vielfach „nicht passen", erschweren eine bewegliche und geplante
Wirtschaftsführung oder machen sie gar unmöglich. Die auf diese Erkenntnis[62] gestützten Versuche, in die Entwürfe des HGrG, der BHO
und der LHOen „Hochschulklauseln" einzubringen, schlugen allerdings
fehl. So blieb es bei den traditionellen Reibungsflächen.

Das HRG regelt im übrigen nicht ausdrücklich, welche Aufgaben in
bezug auf den Haushalt als staatliche Angelegenheiten anzusehen sind.

---

[56] § 12 I HGrG, § 15 I NWLHO.

[57] § 12 III HGrG, § 15 II NWLHO; *Piduch*, Erwin Adolf, Bundeshaushaltsrecht, Kommentar, Bd. II, Stuttgart, Berlin, Stand 1981, § 15 BHO, Nr. 4.

[58] § 19 II 2 HGrG, § 34 II 2 NWLHO; § 27 I 1 HGrG, § 45 I 1 NWLHO;
Patzig, S. 124 f.

[59] § 15 HGrG, §§ 20, 46 NWLHO.

[60] § 9 HGrG, §§ 12, 45 NWLHO.

[61] § 27 II, III HGrG, §§ 45, 37 VI NWLHO.

[62] *Becker-Kluge*, pass.; *Zeh*, pass.; *Bley*, S. 96 und pass.; letztens auch
Thieme, Grundprobleme, S. 47.

Insoweit ist der Landesgesetzgeber tätig geworden, mit der Folge, daß die Regelungen im Detail von Land zu Land verschieden sind[63]. Die Mitwirkung der Hochschule bei der Aufstellung des Haushaltsvoranschlages wird überwiegend als Selbstverwaltungsangelegenheit angesehen[64]; nur in Bayern und im Saarland wird sie ausdrücklich als staatliche (Auftrags-)Angelegenheit angesehen[65]. Die Feststellung des Finanz- und Haushaltsplanes ist staatliche Angelegenheit. Der Haushaltsvollzug, die Verteilung und Bewirtschaftung der der Hochschule bewilligten Haushaltsmittel und Personalstellen, das Gebühren-, Kassen- und Rechnungswesen und die Verwaltung des der Hochschule zur Verfügung gestellten Vermögens ist staatliche Aufgabe[66]. Das Gleiche gilt für die Rechnungsprüfung, die nach heutiger Auffassung die Überwachung der gesamten Haushalts- und Wirtschaftsführung durch den zuständigen Rechnungshof umfaßt[67].

Dieses starke Übergewicht der Staatskompetenzen hat zur Folge, daß die Haushaltsbewirtschaftung ganz überwiegend den Grundsätzen einer fiskalischen Verwaltung zu genügen hat und Hochschulplanung im umfassenden Sinn über die dominierende Haushaltsplanung weitgehend staatliche Finanzplanung ist.

Weil alle Fachpläne im staatlichen Bereich ohne die parallel-laufende Vorsorge für das materielle Substrat „in der Luft hängen", bildet die Finanzplanung[68] den „harten Kern" auch jeder Hochschulplanung, bestimmen die mittelfristigen Haushaltsvorstellungen insbesondere auch die planerischen Vorstellungen der Hochschulselbstverwaltung, soweit sie die kostenverursachende Seite von Forschung und Lehre, nämlich Personalstellen, Bauten, Einrichtungen, Sachausstattung betreffen. Das ergibt sich schon aus dem Umstand, daß Hochschulentwicklungsplanungen an den Hochschulgesamtplan gebunden sind[69], der seinerseits nur in Abstimmung mit dem Finanzplan[70] aufgestellt werden kann. — An

---

[63] Art. 6 II BayHSchG; § 22 III HeHSchG; § 97 II NWWissHSchG; § 43 SaaUniG.

[64] Vgl. ausführlich *Schuster*, HdbWissR, S. 329.

[65] Art. 4 III Nr. 2 BayHSchG; § 17 II 2 SaaUniG.

[66] *Schuster*, HdbWissR, S. 329.

[67] Dazu frühzeitig und umfassend insbesondere *Becker / Kluges* Arbeit über „Kulturpolitik und Ausgabenkontrolle", Frankfurt/Main, 1960; neueste Bestandsaufnahme in dem Speyerer Tagungsband: *Letzelter*, Franz und *Reinermann*, Heinrich (Hrsg.), „Wissenschaft, Forschung und Rechnungshöfe, Wirtschaftlichkeit und ihre Kontrolle", Berlin 1981.

[68] Nach Art. 109 GG i. V. m. § 50 HGrG (der unmittelbar auch für die Länder gilt) und §§ 9 - 11 StabG (die nach § 14 des Gesetzes sinngemäß auch für Länder gelten) sowie den Vorschriften der LHOen; vgl. auch *Wahl*, Bd. I S. 153; *Zunker*, Albrecht, Finanzplanung und Bundeshaushalt, Frankfurt a. M. 1972, S. 21 f.

[69] § 67 I HRG, § 101 NWWissHSG.

[70] § 68 HRG.

diesem Zustand wird sich auch in absehbarer Zeit wenig ändern. Ein synoptischer „Überplan" würde den rechtsstaatlichen Prinzipien horizontaler und vertikaler Gewaltenteilung widersprechen und ein umfassender (Bundes- oder Landes-)Entwicklungsplan[71], in den in deutlicherem Maße originär hochschulplanerische Aspekte eingehen könnten, ist jedenfalls gegenwärtig nicht in Sicht, so daß der Finanzplan der wichtigste Querschnittplan[72] und Hebel staatlichen Einflusses auch auf staatseingegliederte Körperschaften — nicht nur auf Hochschulen — bleiben dürfte.

25. Drittmittelfinanzierung

Der überwiegende Teil der Drittmittel wird für die Forschungsförderung eingesetzt. Die Gesetze — § 25 HRG und landesgesetzliche Vorschriften — sehen vor, daß die Aufgaben der Hochschulen nicht beeinträchtigt sowie die Forschungsergebnisse veröffentlicht und — soweit sie für eine wirtschaftliche Verwendung in Betracht kommen — an geeignete Stellen, u. a. der Wirtschaft, herangetragen werden[73].

Für DFG-Mittel finden die Haushaltsvorschriften nur mit Einschränkung Anwendung. Die Haushaltsgrundsätze werden insgesamt liberaler gehandhabt. So sind DFG-Mittel in weiterem Umfange deckungsfähig. Soweit es dem Vorhaben dient, können danach etwa einzelne Kostenarten zu Lasten der Ansätze für andere Kostenarten um 25 % verstärkt werden; das gilt für Reisekosten, Personalkosten, Sachkosten, Umdispositionen, die über diesen Rahmen hinausgehen, bedürfen der vorherigen schriftlichen Zustimmung des DFG[74]. Insofern ist das Spezifikationsprinzip eingeschränkt, das grundsätzlich auch für DFG-Mittel gilt, weshalb im allgemeinen der im Bewilligungsschreiben genannte Zweck zu beachten ist[75]. Auch der Grundsatz der zeitlichen Bindung hat nur eingeschränkte Geltung: die Bewilligungen sind nicht an das Kalenderjahr oder das Haushaltsjahr gebunden[76]. — Die DFG-Mittel werden im Haushalt der Hochschule nachrichtlich mitgeteilt. Die Mittel sollen von der Hochschule verwaltet werden[77]. Als überwiegend staatliche Mittel unterliegen sie der Rechnungskontrolle.

---

[71] *Wahl*, Bd. I, S. 5 und S. 253 (Tendenz zum Entwicklungsplan) einerseits und S. 130 (Vorsprung der Fachplanung vor dem ressortübergreifenden „Gesamtplan") andererseits.

[72] *Wahl*, Bd. I, S. 258; *Molter*, Dierk, Raumordnung und Finanzplanung, Baden-Baden 1975.

[73] Vgl. DFG-Verwendungsrichtlinien für Sachbeihilfen, 2.01 - 1/81, S. 13; s. a. Hinweise für Antragsteller, S. 20 f.

[74] DFG-Richtlinien 2.01-1/81.

[75] Hinweise für Antragsteller, S. 20.

[76] Hinweise, S. 20.

[77] § 25 IV HRG.

Die privaten Stiftungen halten sich im allgemeinen an die Grund-
linie der DFG-Bewilligungsbedingungen. Das gilt insbesondere für die
Deckungsfähigkeit. Sind die bewilligten Mittel nach verschiedenen
Positionen gegliedert, so können etwa nach den Vergaberichtlinien der
Fritz-Thyssen-Stiftung[78] bei der Einhaltung der Gesamthöhe einzelne
Positionen zu Lasten anderer bis zu 20 % aufgestockt werden. Das gilt
nicht für Reise- und Gerätekosten. Umdispositionen zugunsten solcher
Kosten sowie solche größerer Art bedürfen der Zustimmung der Stif-
tung. Umdispositionen zugunsten neuer Positionen bedürfen in jedem
Falle der Zustimmung der Stiftung. Die privatrechtlichen Stiftungen
lassen ihre Wirtschaftsführung i. d. R. durch Treuhandgesellschaften
prüfen. Diese Prüfung ergänzt die Gemeinnützigkeitsprüfung durch die
Finanzbehörden. Die Treuhand-Prüfung hat im Falle der Stiftung
Volkswagenwerk zu einem langwierigen Rechtsstreit geführt. Die Rechnungshöfe des Bundes und der Länder hatten ein Prüfungsrecht geltend
gemacht. Das Verwaltungsgericht Hannover hatte in einem Urteil vom
März 1979 diese in der BHO sowie der NsLHO normierte Prüfungser-
mächtigung nur insoweit für verfassungsrechtlich unbedenklich gehalten, als im Einzelfall ein finanzieller Bezug zur staatlichen Finanzgeba-
rung besteht und der Staat Einfluß auf die zu prüfende private Einrichtung nehmen kann. Diese Voraussetzungen sind nach Auffassung
des Gerichtes im Falle der Stiftung nicht gegeben. Das OVG Lüneburg
hat sich in einer Entscheidung vom 22. 1. 1982 nicht der Auffassung der
1. Instanz angeschlossen, zugleich jedoch die Revision zum Bundesver-
waltungsgericht zugelassen[79].

26. Finanzierung aus Körperschaftsmitteln

Im Hinblick auf die Ergänzungsfinanzierung aus Körperschaftsmitteln sind die Hochschulen freier als im Bereich der staatlichen Grundfinanzierung. Die Universitätskörperschaft ist in vollem Umfange pri-
vatrechts- und damit auch vermögensfähig; sie kann über Einnahmen
aus Stiftungen, Schenkungen und eigenem Erwerb selbständig verfügen[80]. Die Fakultäten und Fachbereiche sind nicht privatrechtsfähige
Teilkörperschaften der Universität[81]; ihnen zufließende Zuwendungen
stellen ein Sondervermögen der Universitätskörperschaft dar. Beiträge
Dritter[82] sind unter einem besonderen Titel in der Landeshaushalts-

---

[78] Vom 1. 2. 1980 — Sachbeihilfen.
[79] Pressemitteilung der Stiftung Volkswagenwerk vom 25. 1. 1982; vgl. auch
Seifart, Werner, Stiftung und Rechnungskontrolle, in: Letzelter und Reinermann, Wissenschaft, Forschung und Rechnungshöfe, S. 282 - 296/308.
[80] *Bley*, S. 54, 60, 98; vgl. § 105 NWWissHSG.
[81] *Bley*, S. 65.
[82] § 25 HRG, § 98 NWWissHSG.

rechnung nachzuweisen, aber nicht der freien Verfügung der Hochschule entzogen[83]. Sie werden häufig zur überwiegenden Finanzierung von „Instituten an der Universität" verwandt.

Die Verwaltung des Universitätsvermögens ist Teil der körperschaftlichen Selbstverwaltung, die damit über den „akademischen Kernbereich hinausgreift. Das ist ein wichtiger fortdauernder Bestandteil der alten umfassenden Selbstverwaltungs- und Finanzierungsrechte der Hochschule. Die überwiegende staatsunmittelbare Finanzierung hat also keine „Entmündigung" der Hochschule i. S. einer eingeschränkten Vermögensfähigkeit bewirkt[84]. Die Sicherstellung der Existenz einer Körperschaft durch verbandsfremde, i. d. R. staatliche Finanzierung ist heute nichts Außergewöhnliches mehr, zumal wenn die der Körperschaft obliegende Erfüllung öffentlicher Aufgaben keine ihrem Finanzbedarf entsprechenden Einkünfte gewährleistet. Art. 5 III GG umfaßt nach allem das Recht der Hochschulkörperschaft, ihr Eigenvermögen durch ihre Organe im Rahmen der für alle geltenden Gesetze selbst zu verwalten. Eine autonome Körperschaft muß nicht nur fähig sein, eigene Mittel zu haben, sondern sie muß auch befugt sein, solche Mittel zu verwalten und über ihren Einsatz zu bestimmen, und zwar auch dann, wenn sie diese rechtliche Autonomie primär um der Sicherstellung ihrer geistigen Freiheit willen besitzt[85]. „Im Rahmen der Gesetze" ist die Entscheidungsfreiheit der Hochschule über das Körperschaftsvermögen nur beschränkt:

— durch die allgemeine öffentlich-rechtliche Bindung des Körperschaftsvermögens an den Existenzzweck und die Aufgabe der Hochschule;

— an die privatrechtlichen Zweckbindungen seitens der Zuwendenden. Besondere Bewilligungsbedingungen sind zu beachten, soweit die allgemeine Beachtung der Haushaltsvorschriften dies erlaubt;

— ist die Verwaltung des Eigenvermögens eine Selbstverwaltungsangelegenheit, so beschränkt sich die staatliche Aufsicht auf die Rechtsaufsicht, d. h. die Kontrolle der Rechts- und besonderen Zweckbeachtung; besondere Genehmigungsrechte hat der Staat nicht[86]. Die Verwaltung der Körperschaftsmittel unterliegt der Kontrolle durch den Landesrechnungshof.

Festzuhalten ist, daß die Erträgnisse des Körperschaftsvermögens nicht zur Entlastung der Staatskasse bestimmt sind, vielmehr für zu-

---

[83] *Bley*, S. 99.
[84] *Bley*, S. 61.
[85] *Bley*, S. 68.
[86] *Bley*, S. 83, 164.

sätzliche Aufgaben. Wenn der Staat solche Zuwendungen zum Anlaß nimmt, bei den staatlichen Mittelansätzen für die betr. Einrichtung Abstriche vorzunehmen, dann dürften solche Quellen versiegen. Dieselbe Folge ist zu erwarten, wenn der Staat für sich das Recht in Anspruch nähme, über die Verwendung zweckfreier Zuwendungen an die Hochschule zu entscheiden[87]. Das ist auch der Grund, weshalb die Einnahmen und Ausgaben des hochschuleigenen Vermögens nicht in den Landeshaushalt eingestellt werden. Wäre das der Fall, so wären sie praktisch Landesmittel. Es ist aber schwer vorstellbar, daß die Hochschule ihre eigenen Mittel im Rahmen des Landeshaushalts anfordern müßte. In den Landeshaushalt gehören nur staatliche Mittel; allenfalls können mittelbare Staatsmittel — wie (überwiegend) DFG-Mittel — nachrichtlich mitgeteilt werden.

Für die Aufstellung des Körperschafts-Haushaltsplanes, die Kassen- und Rechnungsführung, die Rechnungsprüfung und Erteilung der Entlastung finden die Vorschriften der Haushaltsordnungen nur sinngemäß Anwendung[88]. Das bedeutet, daß anstelle der dort genannten staatlichen Organe Körperschaftsorgane treten. Das Eigenvermögen der Hochschule ist getrennt vom Staatsvermögen zu verwalten, wobei der Stiftungszweck besondere Beachtung zu finden hat. I. d. R. wird der Senat für die Einzelheiten eine besondere Körperschaftsvermögens- oder Stiftungsordnung als Satzung erlassen. Für das Körperschaftsvermögen ist u. a. ein eigener Haushaltsplan aufzustellen[89]. Solange ein solcher — wie häufig — (noch) fehlt, hat man Zuwendungen an die Hochschule in sog. Leertitel eingestellt[90]. Die Planung vollzieht sich leichter und selbständiger, ist aber — mangels umfangreicher Mittel — nicht so relevant wie die Planung der staatlichen Mittel. Auch bezüglich ihres eigenen Haushalts ist die Hochschule zu sparsamer und wirtschaftlicher Haushaltsführung verpflichtet. Die Hochschule ist berechtigt, in großzügiger Weise Deckungsfähigkeit anzuordnen und auch sonst Liberalisierungsvermerke anzubringen, nicht zuletzt zu dem Zweck, die Bildung „schwarzer Fonds" zu verhindern. Die Verwaltung des Körperschaftsvermögens wird vom Rechnungshof getrennt vom Staatsvermögen geprüft. Der Charakter des Zusätzlichen gegenüber dem Staatsvermögen muß bei der Rechnungsprüfung besonders beachtet werden[91].

---

[87] *Bley*, S. 72.

[88] Entwurf eines Erlasses des NW Min. für Wissenschaft und Forschung vom 1. Aug. 1980, unter B; vgl. auch *Bley*, S. 87 f. mit Nachweis der früheren Regelung im Beitrage G von 1934.

[89] § 105 III 1 NWWissHSchG.

[90] *Bley*, S. 96.

[91] *Bley*, S. 89.

c) Organisation der Hochschulfinanzverwaltung

27. *Zuständigkeiten in der Hochschule*

Für die Funktionsfähigkeit und Effektivität der Hochschulfinanzverwaltung kommt es darauf an, wie Zuständigkeiten und Verantwortungen für die Haushaltsplanung und -vollziehung in der Hochschule organisiert werden. Einige der früher auftretenden organisatorischen Probleme, insbesondere in der Abgrenzung der Erledigung staatlicher und autonomer Aufgaben, haben nach Einführung der Einheitsverwaltung an Bedeutung verloren. So werden etwa Präsident/Rektor und Kanzler bei der Mitwirkung an der Aufstellung des Haushaltes als Selbstverwaltungsaufgabe unter Rechtsaufsicht, bei der Bewirtschaftung als staatliche Aufgabe unter Fachaufsicht tätig. Eine weitere Abgrenzung erübrigt sich.

Im übrigen ist zu beachten, daß für die Verwaltung der staatlichen Mittel (einschließlich der DFG-Mittel) die akademischen Grundorgane — also Rektor und Senat — sowie besondere Körperschaftsorgane der Wirtschafts- und Finanzverwaltung — Verwaltungsrat, -ausschuß — zuständig sind. Die Verwaltung der übrigen Drittmittel wird i. d. R. über die Hochschulverwaltung abgewickelt.

Das gilt auch für die Verwaltung des Körperschaftsvermögens, wobei der Staat insgesamt auf die Rechtsaufsicht beschränkt bleibt. Das führt zum organisatorischen Gebot einheitlicher Verwaltung aller Hochschulmittel bei gleichzeitiger Wahrung der körperschaftlichen Rechte am Eigenvermögen nichtstaatlicher Herkunft. Haben staatsunmittelbar finanzierte Hochschulen etwa besondere körperschaftliche Selbstverwaltungsorgane für die gesamte Wirtschafts- und Finanzverwaltung (Verwaltungsrat, Kuratorium), so obliegt diesen Organen auch die Verwaltung der körperschaftseigenen Mittel. Es wäre zwar auch denkbar, daß die akademische Selbstverwaltung einen für die Vermögensverwaltung geeigneten gesonderten Behördenapparat einsetzt[92]. Zwar würde die Autonomie (Art. 5 III GG) insoweit die Organisationsgewalt umfassen, jedoch rechtfertigen weder der Umfang des Vermögens noch die Notwendigkeit rechtlicher Sonderung einen solchen Aufwand. So ist nichts dagegen einzuwenden, daß die Körperschaft dem Kanzler die Verwaltung auch des Körperschaftsvermögens überträgt und dem Staat die zum Zweck der Verwaltung dieses Vermögens aufgewandten Personal- und Sachmittel erstattet. Im Zusammenhang mit der alten Kuratorialverfassung ist gelegentlich[93] davon gesprochen worden, daß der

---

[92] *Bley*, S. 81.

[93] *Wolff*, Hans J., Rechtsgestalt, S. 20.

Kurator das Körperschaftsvermögen im Wege der Institutionsleihe verwaltet habe. Wenn es einen eigenen Körperschaftshaushalt gibt, müßte dieser vom Rektor aufgestellt, vom Senat festgestellt, vom Kultusminister genehmigt, vom Kanzler ausgeführt und vom Landesrechnungshof als Sondervermögen geprüft werden[94].

28. Zentrale Ebene

Auf der zentralen Ebene liegt die Finanzverwaltung beim Präsidenten/Rektor, Kanzler und Kollegialorganen. — Wenn die Hochschule eine Präsidialverfassung[95] hat, wird die herausgehobene Stellung dieses neuen Leitungsorgans in der Finanzverwaltung offenkundig[96]. In akademischen Fragen ist der Präsident gegenüber dem Senat gebunden. Letzterer hat in Auftragsangelegenheiten, wozu die meisten Angelegenheiten der Personal- und Wirtschaftsverwaltung gehören, überhaupt keine Kompetenz; hier ist der Präsident in die staatliche Hierarchie eingebunden. Nun haben die meisten Fragen der Hochschulverwaltung mit Personal- und Haushaltsdingen zu tun. In gewisser Weise sind diese die Voraussetzung aller weiteren Entscheidungen. So kann der Präsident im Konfliktfall die staatliche Karte spielen. Nimmt man hinzu, daß er insgesamt einen Informationsvorsprung vor allen anderen Hochschulorganen hat und auch über Personal, Stäbe etc. verfügt[97], so wird seine überragende Stellung — vor allem im Vergleich mit dem Rektor[98] — deutlich. Dem Präsidenten/Präsidium — Rektor/Rektorat obliegt die Aufstellung des Haushaltsplanes und die Bewirtschaftung des Haushaltes, vor allem die Verteilung auf die Fachbereiche, im Zusammenwirken mit anderen Hochschulorganen[99].

Der Kanzler ist der Vertreter des Präsidenten/Rektors im Bereich der Wirtschafts- und Personalverwaltung[100]. Er ist „Beauftragter für den Haushalt". Er sammelt bei der Aufstellung des Haushaltes die Vorschläge der zentralen und fachlichen Ebene wie der einzelnen Hochschulmitglieder und setzt sie zu einheitlichen Unterlagen zusammen. Dabei wendet er die komplizierte Haushaltstechnik an, beachtet die vielfältigen Vorschriften und stellt einen schlüssig begründeten und

---

[94] *Bley*, S. 165; vgl. auch Entwurf eines Erlasses, unter B.

[95] §§ 12 ff. BWUniG; Art. 12 ff. BayHSchG; §§ 80 ff. HbgHSchG; § 10 HeUniG; § 82 NsHSchG; § 72 Rh-PfHSchG; § 32 SaaUniG.

[96] *Thieme*, HdbWissR, S. 190 f.

[97] *Thieme* HdbWissR, S. 188.

[98] §§ 14 ff. BWUniG; § 86 NsHSchG; § 19 NWWissHSchG.

[99] Statt aller § 126 II HbgHSchG; § 19 NWWissHSchG.

[100] § 14 ff. BWUniG; § 88 NsHSchG; §§ 102, 103 NWWissHSchG; *Schuster*, HdbWissR, S. 281 f.

formell beanstandungsfreien Vorschlag der Hochschule zusammen. Zu diesem Zweck verfügt er über Mitarbeiter, Stäbe, technische Einrichtungen (EDV)[101]. Außer dieser Leitungsfunktion obliegen dem Kanzler auch die laufenden Geschäfte der (Finanz-)Verwaltung, d. h. die Bewirtschaftung des Haushaltes und sein Vollzug[102]. Einzelne Bewirtschaftungsbefugnisse kann er unbeschadet seiner Gesamtverantwortung nach den allgemeinen landesrechtlichen Bestimmungen auf andere Bedienstete oder die fachlichen Einheiten übertragen[103].

Für die Verteilung der Mittel auf die fachlichen und sonstigen Einheiten sind i. d. R. der Senat oder eine seiner Kommissionen zuständig. Sie wirken auch an der Veranschlagung der Mittel für den Haushaltsentwurf mit[104], gelegentlich[105] neben dem Konvent. Damit ergibt sich die Möglichkeit einer internen Verteilung zentral zugewiesener Mittel auf Fachbereiche und Einheiten. Dabei wird allerdings noch nicht — wie der Wissenschaftsrat empfiehlt[106] — zwischen Lehr- und Forschungsmitteln unterschieden. Einige Hochschulen haben auch schon einen zentralen Stellenpool eingerichtet, der ähnlich bewirtschaftet wird. In der Ausweitung dieser Ansätze und der Steigerung des Volumens dieser zentralen Fonds sieht der Wissenschaftsrat[107] eine Möglichkeit der Schwerpunktbildung ohne organisatorischen Neuaufwand.

29. Fachliche Ebene

Auf der fachlichen Ebene stellen die Fachbereiche und die wissenschaftlichen Einheiten jeweils für ihren Aufgabenbereich Beiträge[108] für den Haushaltsvoranschlag der Hochschule bereit. Die zentralen Organe sind aber berechtigt, von dem Vorschlag abzuweichen. Nach Feststellung des Staatshaushaltsplanes und Zuweisung an die Hochschule werden die von den zentralen Organen an die fachlichen Einheiten weiterverteilten Mittel von diesen an die Einheiten von Forschung und Lehre sowie einzelne Hochschulangehörige weiterverteilt und bewirt-

---

[101] *Schuster* HdbWissR, S. 367 f.

[102] § 103 NWWissHSchG; *Thieme*, HdbWissR, S. 192.

[103] *Schuster*, HdbWissR, S. 342.

[104] § 19 I BWUniG; Art. 19 I 8 BayHSchG; §§ 78, 80 II BerlHSchG; §§ 84 ff., 126 I 2 HbgHSchG; § 23 II HeHSchG; § 91 II NsHSchG; §§ 21 I 3, 102 II, 103 NWWissHSchG; § 71 II 8, 9, 14 Rh-PfHSchG; § 31 SaaUniG; § 39 SHHSchG; *Schuster*, HdbWissR, S. 341.

[105] § 79 I 11 b BerlHSchG.

[106] Mitteleinsatz, S. 53.

[107] Ebd., S. 53 f.

[108] § 89 BerlHSchG; § 126 HbgHSchG; § 22 Nr. 9 SaaUniG; § 80 II Rh-PfHSchG; *Müller*, HdbWissR, S. 1062.

schaftet[109]. Im Saarland[110] können mehrere Fachbereiche eine gemeinsame Kommission — das ist die alte Fakultät — bilden, die die Entwürfe der Fachbereiche für den Entwurf des Hochschulhaushaltsvoranschlages zu begutachten sowie auch bei der Überprüfung einer freigewordenen Stelle mitzuwirken hat. Ständige Einheiten von Forschung und Lehre können gebildet werden, wenn bestimmte dauernde Aufgaben in Forschung oder Lehre die ständige Bereitstellung von Personal- und Sachmitteln erfordern[111]. Wenn solche Einheiten gebildet werden, entscheiden ihre Organe letztlich über die Verwendung von Sach- und Personalmitteln[112]. Jeder Hochschullehrer hat Anspruch auf eine Grundausstattung[113]. Korrespondierend mit der Mittelzuweisung durch die zentralen Organe und mit der selbständigen Verfügungsbefugnis der selbständigen Betriebseinheiten wird man auch den zentralen wissenschaftlichen Einrichtungen[114] i. d. R. das Recht zuerkennen müssen, für die Aufstellung des Hochschulhaushaltes Vorschläge machen und die die ihnen zugewiesenen Mittel zu verteilen und zu bewirtschaften[115].

Für die medizinischen Einrichtungen als besondere Betriebseinheiten der Hochschulen[116] gelten besondere Vorschriften. I. d. R. werden die für die Kliniken vorgesehenen Personal- und Sachmittel im Landeshaushaltsplan in einem besonderen Kapitel veranschlagt. Die Kliniken haben auch eine eigene Personal- und Wirtschaftsverwaltung. Das Direktorium (Präsidium) leitet das Klinikum; es beschließt den Haushaltsvoranschlag und den Entwurf des Wirtschaftsplanes und entscheidet über die Verwendung der Personal- und Sachmittel[117]. Der Verwaltungsrat (Senat) nimmt zum Haushaltsentwurf, zum Entwurf des Wirtschaftsplanes wie zur Mittelverwendung Stellung[118]. Der Verwaltungsdirektor (Kanzler) ist Beauftragter für den Haushalt[119].

---

[109] § 89 BerlHSchG; § 87 II 6 BreHSchG; § 20 IV HeUniG; § 95 V NsHSchG; § 103 III NWWissHSchG; § 80 II 17 Rh-PfHSchG; § 22 Nr. 7 SaaUniG; § 52 III SHHSchG; *Müller*, HdbWissR, S. 1062.

[110] § 23 II 3 SaaUniG.

[111] § 66 I HRG; § 106 HbgHSchG.

[112] § 106 HbgHSchG; § 20 III HeUniG; §§ 101, 102 NsHSchG; § 29 NWWissHSchG.

[113] § 52 III SHHSchG.

[114] § 66 II HRG; § 105 NsHSchG.

[115] *Müller*, HdbWissR, S. 1062.

[116] § 38 NWWissHSchG; §§ 63 ff. SHHSchG.

[117] § 65 III SHHSchG.

[118] § 65 IV SHHSchG.

[119] § 65 VI SHHSchG.

30. Sonstige an der Finanzverwaltung
beteiligte Hochschulorgane

Im übrigen sieht das Hochschulrecht die Beteiligung sonstiger — z. T. auf die Bedürfnisse der Finanzverwaltung besonders zugeschnittener — Organe an der Aufstellung des Haushaltsentwurfes und der Mittelverteilung vor[120]. Zunächst dienen Verwaltungsräte, -ausschüsse, Kuratorien der institutionellen Verklammerung der Hochschule mit der Gesellschaft, einer Beteiligung gesellschaftlicher Kräfte an der Planung und Wirtschaftsführung der Hochschule. Nach § 8 II 2 BWUniG bedarf die Annahme von Drittmitteln der Zustimmung eines Verwaltungsrates. Nach § 20 BWUniG wirkt er an der Aufstellung des Haushaltsvoranschlages und des Ausstattungsplanes sowie an der Verteilung von Stellen und Mitteln wie an Entscheidungen über das Universitätsvermögen mit. In Köln wurde beim Übergang von der wirtschaftlich selbständigen kommunalen Stiftungsuniversität (mit Staatszuschüssen) zur staatsunmittelbar finanzierten „Veranstaltung des Staates" ein Kuratorium und ein Verwaltungsausschuß aus der früheren Universitätsverfassung übernommen[121]. Nach § 68 der Universitätsverfassung[122] wirkt der Verwaltungsausschuß, dem Vertreter des Lehrkörpers und der Stadt Köln angehören, an wichtigen Verwaltungsangelegenheiten mit. Das ähnlich zusammengesetzte Kuratorium hat (nur noch) beratende Funktion. Beider Gremien Mitwirkung trägt u. a. dem Umstand Rechnung, daß die Städt Köln noch materielle Beiträge zum Universitätsbetrieb leistet. § 24 NWWissHSchG läßt die Bildung solcher Kuratorien auch für die anderen Landeshochschulen zu. Art. 23 BayHSchG läßt in vergleichbarer Weise die Bildung von Kuratorien zur Pflege der Verbindungen zwischen Hochschule und Staat zu.

Ein Kuratorium mit entscheidenden Befugnissen im Rahmen von Haushaltsaufstellung und -vollzug kennt das Recht der Berliner Hochschulen, die seit je nach dem Prinzip der mittelbaren Staatsfinanzierung unterhalten wurden. Solche Kuratorien bestehen heute an den Universitäten und der Hochschule für Künste von Berlin[123]. Neuestens hat der

---

[120] *Dallinger*, Peter / *Bode*, Christian / *Dellian*, Fritz, Hochschulrahmengesetz, Kommentar, 1978, S. 365 f.; vgl. auch § 24 NWWissHSG; zu den Kuratorien der (früheren) Stiftungsuniversitäten; *Pleyer*, S. 140; zu den Verwaltungsausschüssen: *Pleyer*, S. 82, 121; zu den Kuratorien nach Berliner Hochschulrecht, die mit dem „Preußischen Kurator" nur den Namen und die Führung der Wirtschaftsverwaltung gemeinsam haben, nicht Staats-, sondern Universitätsorgan sind, vgl. §§ 84 - 86 BerlHSG sowie *Pleyer*, S. 190.

[121] *Bley*, S. 50; *Karpen*, Ulrich, Aus der Geschichte der Universität zu Köln, 1919 - 1969, Berlin—Basel 1969, S. 2 - 5 (4).

[122] I. d. F. v. 1968.

[123] §§ 84 ff. BerlHSchG.

Wissenschaftsrat[124] vorgeschlagen, ein beratendes und empfehlendes Forschungskuratorium einzurichten, das sich aus Hochschulangehörigen und auswärtigen Sachverständigen zusammensetzen soll. Eine ebenfalls neuartige zentrale Kommission soll nach der Vorstellung des Wissenschaftsrates für die Verteilung von Verstärkungsmitteln für die Lehre zuständig sein, da deren Verteilung auf Fachbereichsebene nicht tunlich sei[125].

Im hochschulinternen Verfahren der Erstellung des Haushaltsplans sind nach Maßgabe landesrechtlicher Vorschriften auch Mitwirkungsrechte des Personalrates zu beachten[126]. Er ist u. a. an der Ermittlung der Grundlagen des Personalbedarfs, der Stellenbewertung, der Aufstellung des Stellenplanentwurfes und der Verteilung der Mittel für soziale Angelegenheiten zu beteiligen.

Unentbehrlich ist auch im System der (über-)organisierten Hochschule die Mitwirkung des einzelnen. Seine Planung, seine (un-)wirtschaftliche Handlungsweise, sein Umgang mit Mitarbeitern und Gerät auch für die Finanzverwaltung ausschlaggebend. Er ist bei Entscheidungen i. d. R. repräsentiert und mediatisiert. Gleichwohl ist gelegentlich seine Beteiligung vorgesehen. So wird der Fachbereich — auch wenn das Gesetz es nicht explizit anordnet[127] — über Vorschläge zu den Ausstattungsplänen und die Verteilung der ihm zugewiesenen Mittel im Benehmen mit den fachbereichangehörigen Hochschullehrern entscheiden. Gelegentlich sind Teilhaberechte von Professoren und Assistenten an der Ausstattung (Grund-, Mindestausstattung) ausdrücklich vorgesehen[128]; sonst ergeben sie sich aus Art. 5 III GG. Der Wissenschaftsrat[129] hat jedoch vordringlich die Förderung und Stärkung der Initiative des einzelnen und kooperierender Gruppen gefördert. Gerade bei Forschungsmitteln sollte nicht (mehr) nach dem „Gießkannenprinzip" verfahren werden, sondern es sollten befähigte Forscher bevorzugt, aber befristet mit ausreichenden Mitteln ausgestattet werden. Vergleichbares ließe sich auch für den Lehrbereich denken.

---

124 Mitteleinsatz, S. 26, 58.
125 Mitteleinsatz, S. 58.
126 *Karpen*, Mitbestimmung in Körperschaftsorganen und im Personalrat, ein Beitrag zum Problem der Inkompatibilität, DÖV 1982, Heft 3, S. 89 - 98.
127 Vgl. § 89 BerlHSchG.
128 § 20 IV HeUniG.
129 Drittmittelforschung, S. 20.

d) Verfahren der Hochschulfinanzverwaltung

31. Die Stufen des Verwaltungsverfahrens

Das Verfahren der Aufstellung und des Vollzuges des Haushaltsplanes, an dem staatliche und Selbstverwaltungsorgane beteiligt sind, läßt sich in vier Abschnitte gliedern:

— Zunächst die Budgetierungsphase mit den Einzelschritten der Vorlage des Entwurfes eines Haushaltsplanes, der Aufstellung und der Feststellung des Budgets;

— bei der Auf- und Feststellung sollten die Ansätze der (mittelfristigen) Hochschul-, Finanz- und Ausstattungsplanung beachtet werden;

— der Haushaltsvollzug umfaßt die Einzelschritte der Zuteilung der Haushaltsmittel an die Hochschule sowie ihrer (internen) Verteilung und Bewirtschaftung;

— den Abschluß des Verfahrens bildet die Haushaltskontrolle.

Bei voller Entfaltung aller genannten Einzelfunktionen sollten die mittelfristige (umfassende) Hochschul- und ihr wichtigster Strang, die Finanz-Planung eine überwölbende und dirigierende Bedeutung für alle anderen Verfahrensstufen erlangen. Das tun sie jedoch gegenwärtig (noch) nicht[130]. Die Planung ist als aufgabenverknüpfende Teilfunktion der Leitung insgesamt praktisch noch nicht einzuordnen; das gilt für die Aufgaben- wie die Finanzplanung. Insbesondere entspricht die Zuordnung der Planungsfunktion zur übrigen Aufgabenverteilung zwischen Hochschule und Staat (noch) nicht den von Art. 5 III GG geforderten Richtlinien[131]: Die Planung von Forschung und Lehre — insbesondere die Studienplanung — liegt in zu großem Ausmaß beim Staat, während dieser umgekehrt die (Detail-)Planung im Haushaltsbereich in unerwartet weitem Umfang den Hochschulen überläßt[132]. Letztere Feststellung muß allerdings mit der Einschränkung versehen werden, daß sie vor allem für die absteigende Haushaltswirtschaft — die Verteilung und Bewirtschaftung — gilt, während der Hochschule bei der aufsteigenden Wirtschaft — der Auf- und Feststellung des Etats — letztlich ein Vorschlagsrecht verbleibt. Insgesamt wird im Planungssektor erst eine wissenschaftsfreiheitsgerichtete Bereinigung und Aus-

---

[130] Vgl. §§ 67 - 69 HRG; dazu *Karpen*, Hochschulplanung und Grundgesetz, (unveröff.) Kölner Habilitationsschrift 1980.

[131] Zur Gefahr der Aufgabenverschiebung durch Planung vgl. *Ossenbühl*, Fritz, Welche normativen Anforderungen stellt der Verfassungsgrundsatz des demokratischen Rechtsstaates an die planende staatliche Tätigkeit? Gutachten für den 50. Deutschen Juristentag, München 1974, Bd. I, Teil B, S. 72 f.

[132] *Thieme*, HdbWissR, S. 192.

füllung der Kompetenzen zu einer grundrechtsgerechten „Gewalten-
balance" führen.

Die Beteiligung von Hochschule und Staat bei den einzelnen Verfahrensschritten richtet sich im übrigen danach, ob es sich um die Staats-,
Drittmittel- oder Körperschaftsvermögensfinanzierung handelt.

32. Staatsetat

Das Verfahren der Aufstellung des Hochschulhaushaltes beginnt mit
der hochschulinternen Sammlung von Einzelvorschlägen. Hochschulmitglieder, Institute, Fachbereiche, zentrale Einrichtungen melden ihre
Anforderungen beim Kanzler an[133]. Die Verantwortung und Entschei-
dungskompetenz der Hochschule als einer Einheit kommt darin zum
Ausdruck, daß die zentralen Hochschulgremien[134] selbst Prioritäten und
Rangfolgen bei den Haushaltsanforderungen der Einrichtungen setzen
können. Der Beschluß über den Haushaltsvoranschlag ist also nicht
lediglich eine „Addition von Wunschvorstellungen"[135]. Die Ansätze für
die Hochschulen erscheinen im Einzelplan des Kultus-/Wissenschafts-
ministers; vor Verabschiedung durch das Kabinett leitet der Kultusminister den Entwurf dem Finanzminister zu[136]. Die Hochschulabtei-
lung hält bei der Aufstellung des Einzelplanes enge Verbindung mit
den Hochschulen; auf die Erwägungen des Finanzministeriums können
die Hochschulen kaum Einfluß nehmen. Der Entwurf des Haushaltsgesetzes wird mit dem Entwurf des Haushaltsplanes von der Landesregierung beschlossen und dem Landtag vorgelegt[137]. Anhörungen der
Hochschulen vor dem Haushaltsausschuß sind selten[138]; erfolgreiche Einwirkung setzt in der Regel persönliche Verbindungen voraus. Mit zu-
nehmendem Gewicht finanz- und gesamtpolitischer Erwägungen auf
dem Wege von Wissenschaftsminister und Finanzminister über das Kabinett zum Parlament verflüchtigen sich vielfach die wissenschaftsbezogenen und -begründeten Bedarfsansätze der Hochschulen. Der Landtag
berät den Haushaltsentwurf und verabschiedet den Haushalt.

In den meisten Landeshochschulgesetzen werden Haushaltsvoran-
schläge der Hochschulen und Hochschulplanung miteinander ver-
knüpft[139]. Der Hochschulplan und die Ausstattungspläne für die Fach-

---

[133] § 63 II 2 HRG; Art. 6 V BayHSchG; § 114 BerlHSchG; § 107 BreHSchG;
§ 123 II NsHSchG; § 102 NWWissHSchG.
[134] § 114 BerlHSchG; § 122 NsHSchG.
[135] Wissenschaftsrat, Mitteleinsatz, S. 54; § 21 SHHSchG.
[136] § 27 NWLHO.
[137] §§ 28 - 30 NWLHO; vgl. jedoch § 74 VII NWWissHSchG und § 98 Rh-Pf-
HSchG.
[138] Anders § 10 IV BreHSchG unter den besonderen stadtstaatlichen Bedingungen.

bereiche und wissenschaftlichen Einrichtungen als Bestandteile des Hochschulplanes sind die Grundlage vor allem für die Stellen- (und Raum-)zuweisung und die nachfolgende Bewirtschaftung der Haushaltsmittel[140]. Die mittelfristige Vorausschau liefert konsistente, realistische Grundlagen für Bedarfsanmeldungen und Begründungen für einzelne Haushaltsansätze.

In vergleichbarer Weise greifen Landesregierungen und Parlamente bei der Aufstellung des Haushaltsentwurfes auf die Hochschulgesamtplanung[141] und die Finanzplanung des Landes zurück. Die Hochschulgesetze erwähnen die Finanzplanung jedoch nicht ausdrücklich[142], wenngleich sie im Rahmen des Vorhersehbaren zunehmende Bedeutung erlangt. Um so bedenklicher ist es, daß die Hochschulen an der Aufstellung des Finanzplanes marginal beteiligt sind. Zwar muß das Kultusressort die Entwicklungsvorstellungen der Hochschulen seiner Gesamtplanung auch im Hinblick auf die finanziellen Perspektiven zugrundelegen[143]. Die Anforderungen des Ressorts werden in den vom Finanzminister ausgearbeiteten Finanzplan eingestellt[144]. Der Finanzminister kann diese Ansätze „mit den beteiligten Stellen" erörtern, kann sie auch ändern[145]. Die Hochschulen gelten nicht als beteiligte Stellen im Sinne dieser Vorschrift. Der von der Landesregierung beschlossene Finanzplan wird dem Landtag spätestens mit dem Entwurf des Haushaltsgesetzes zugeleitet, wird im Parlament erörtert[146], in einigen Bundesländern auch förmlich verabschiedet[147].

Zwar bewirkt der Finanzplan keine konkrete (Vollzugs-)Bindung von Verwaltung und Selbstverwaltung, sondern lediglich eine besondere Planbindung, die sich in Beachtungs- und Anpassungspflichten ausdrückt[148]; jedoch schafft die durch Kompromisse erreichte Generallinie Fakten für die Haushaltspraxis[149], denen die Hochschulen erheblich Abweichendes mit Erfolg kaum entgegensetzen können.

---

[139] Vgl. statt aller § 24 II HeHSchG; §§ 99 - 101 NWWissHSchG; § 21 SH-HSchG.

[140] *Schuster*, HdbWissR, S. 341, vgl. § 67 HRG.

[141] Im Rahmen des Hochschulrahmenplanes des Bundes und der Länder: vgl. § 68 und § 69 HRG; dazu *Karpen*, Ulrich, Hochschulplanung, in: Hdb-WissR, S. 196 - 226 und ders., Parlamentarische Kontrolle der Hochschulplanung, Zeitschrift für Politik, Jg. 24, Heft 3, 1977, S. 262 - 290.

[142] *Schuster*, HdbWissR, S. 332.

[143] § 67 I 4 HRG.

[144] §§ 27, 28 NWLHO.

[145] § 28 I 3 NWLHO.

[146] §§ 29, 31 NWLHO.

[147] Nachweise bei *Karpen*, Ulrich, Parlamentarische Kontrolle der Hochschulplanung, Zeitschrift für Politik, 1977, S. 262 - 290.

[148] *Wolff / Bachof*, VerwR, Bd. I, § 47 IX c; *Wahl*, Bd. I, S. 90.

[149] Dazu schon *Becker / Kluge*, S. 147.

Die Ausführung des verabschiedeten Haushalts ist Aufgabe des Finanzministers[150]. Die Kompetenz zur Verteilung und Bewirtschaftung der bewilligten Mittel liegt in der Hochschule bei den zentralen Organen, insbesondere dem Kanzler[151], mit der in einzelnen Gesetzen vorgesehenen Möglichkeit einer Delegation an die Fachbereiche[152]. Der Haushaltsvollzug beginnt mit der Zuweisung der für die Hochschule bewilligten Mittel an die Hochschulorgane durch den Finanzminister. Die weiteren Aufgaben werden der Hochschule i. d. R. nicht vom Hochschulminister, sondern vom Finanzminister zugewiesen[153]: Nach ständiger Verwaltungsübung muß der Minister besondere Gründe haben, wenn er einen Teil des Hochschulhaushaltes selbst bewirtschaften will (Bewirtschaftungsvorbehalt)[154]. Der Haushaltsvollzug ist Auftragsangelegenheit[155]. Die Bewirtschaftung liegt in der Hand der Hochschulleitung[156]; eine Mitwirkung des Senats[157] ist i. d. R. vorgesehen. Die Beschlüsse des Hochschulleiters werden vom Kanzler ausgeführt[158]. Beide haben sich mit den Fachbereichen ins Benehmen zu setzen[159]. Der Kanzler hat insbesondere darüber zu wachen, daß der Haushalt eingehalten und die haushaltsrechtlichen Bestimmungen — einschließlich der umfangreichen Verwaltungsvorschriften — beachtet werden[160]. Er ist für die Einhaltung der Grundsätze von Wirtschaftlichkeit und Sparsamkeit[161] verantwortlich; er hat ein Beanstandungsrecht. Ihm obliegt die Überwachung des Haushalts-, Kassen- und Rechnungswesens[162]. Dabei ist insbesondere zu beachten, daß alle Einnahmen dem staatlichen Haushalt zufließen[163], aus Landesmitteln erworbene Gegenstände Eigentum des Landes werden[164], Reserven gebildet werden[165], jeder Hochschullehrer eine Mindestausstattung erhält[166] etc.

---

[150] §§ 34 ff. NWLHO.
[151] §§ 103, 104 NWWissHSG.
[152] Statt aller § 104 II NWWissHSG.
[153] § 124 NsHSchG.
[154] *Schuster*, HdbWissR, S. 340; vgl. § 107 I BreHSchG.
[155] *Schuster*, HdbWissR, S. 346.
[156] § 126 II HbgHSchG; § 103 NWWissHSG.
[157] Nach § 23 II HeHSchG weist der Senat zu.
[158] *Schuster*, HdbWissR, S. 341; § 104 NWWissHSchG.
[159] § 23 II HeHSchG.
[160] *Schuster*, HdbWissR, S. 341.
[161] § 7 BHO und die LHOen.
[162] *Schuster*, HdbWissR, S. 341.
[163] Art. 6 III BayHSchG.
[164] § 99 Rh-PfHSchG.
[165] § 103 II BreHSchG.
[166] § 108 II BreHSchG.

Die Rechnungskontrolle[167] unterscheidet sich kaum von der anderer Staatsbehörden. Allerdings kommen aufgrund der Körperschaftsform Kontrollformen hinzu. Letztlich wird die Haushaltsführung der Hochschulen auf vier Arten geprüft:

— durch eine hochschulinterne Prüfung (Innenrevision);

— durch Vorprüfung[168];

— durch die Mittel der Staatsaufsicht;

— durch den Rechnungshof[169].

Dabei hat die Innenrevision insbesondere die Wirtschaftlichkeit und Zweckmäßigkeit des Verwaltungshandelns zu überprüfen[170], während dem Rechnungshof die externe Überprüfung obliegt, d. h. die Feststellung, ob die Vorschriften des Haushalts-, Personal- und Hochschulrechts eingehalten worden sind. Darüber hinaus macht der Rechnungshof Rationalisierungsvorschläge, um die Wirtschaftlichkeit des Mitteleinsatzes zu verbessern.

33. Drittmittel

Das Verwaltungsverfahren hinsichtlich der Drittmittel richtet sich trotz kleinerer Abweichungen letztlich im wesentlichen nach den Haushaltsvorschriften, die für Landeshaushaltsmittel gelten. Das ist nicht unproblematisch. Denn die auf diese Weise erfüllte politische Forderung nach mehr Transparenz für die Drittmittelforschung und insbesondere nach einer auch rechtlichen Gleichstellung der Drittmittelbediensteten streitet mit dem Interesse der Wissenschaftler, möglichst frei von formalen Bedingungen, nur am Ziel des Forschungsvorhabens orientiert, über „ihre" Drittmittel verfügen zu können[171]. Auf der einen Seite steht die Erwartung möglichst flexibler Verfügung unmittelbar durch den Wissenschaftler, auf der anderen Seite (auch) die Absicht, den Wissenschaftler durch Übernahme der Verwaltungsgeschäfte durch die Hoch-

---

[167] §§ 42 - 47 HGrG, §§ 28 f. NWLHO; zur Rechnungsprüfung im universitären Bereich ferner: *Becker*, Hellmut / *Kluge*, Alexander, Kulturpolitik und Ausgabenkontrolle, Zur Theorie und Praxis der Rechnungsprüfung, Frankfurt a. Main 1960, S. 203 f.; *Oppermann*, Thomas, Zur Finanzkontrolle der Stiftung Volkswagenwerk, Frankfurt a. M. 1972, S. 94 f.; *Flämig*, Christian, Effizienzkontrolle der Hochschulforschung, in: Bilanz einer Reform, Denkschrift zum 450jährigen Bestehen der Philipps-Universität zu Marburg, 1977, S. 311; *ders.*, Bemessung von Forschungsleistungen, in: Forum des Hochschulverbandes, Heft 16, Bonn-Bad Godesberg, Sept. 1978, S. 7; *Tettinger*, S. 57, 60 f.; neuestens der von *Letzelter* und *Reinermann* hrsg. Tagungsband „Wissenschaft, Forschung und Rechnungshöfe", Berlin, 1981.

[168] § 100 BHO und die LHOen.

[169] § 97 III 2 Rh-PfHSchG; § 43 II SaaUniG.

[170] Wissenschaftsrat, Mitteleinsatz, S. 61 f.

[171] *Heckmann*, HdbWissR, S. 979.

schulverwaltung entlasten zu können. Die Gesetzgebung hat sich im HRG (§ 25) und in den Landeshochschulgesetzen überwiegend für den etatistischen Standpunkt entschieden:

— Drittmittel werden i. d. R. in Einnahme und Ausgabe in den Staatshaushalt eingestellt[172];

— Drittmittel sollen von der Hochschule verwaltet werden[173];

— aus diesen Mitteln bezahlte hauptberufliche Mitarbeiter sollen i. d. R. als Personal der Hochschule eingestellt werden[174];

— im übrigen sollen durch die Unterstellung der Drittmittel unter das Haushaltsrecht Drittmittelprojekte aber nicht behindert werden; insbesondere sind besondere Bedingungen und Auflagen des Zuwendenden zu beachten; sie müssen nur angezeigt werden; dem Staat muß für die Inanspruchnahme der Hochschulbehörden Erstattung geleistet werden[175].

Das Nähere regelt eine vom Senat erlassene Drittmittelordnung[176].

Für die Modalitäten der Bewirtschaftung von Drittmitteln stehen im wesentlichen drei Verfahrensarten zur Verfügung[177]:

— Das Sonderkontenverfahren, das heute nur noch in Ausnahmefällen Anwendung findet, vornehmlich bei der Finanzierung von Projekten aus Mitteln privater Stiftungen;

— das Verwahrkontenverfahren, das für die Finanzierung aus DFG-Mitteln (mit Ausnahme der Sonderforschungsbereiche) zur Verfügung steht;

— das Drittmittelverfahren i. e. S., nach dem bei der Finanzierung aus Ressortmitteln des Bundes und der Länder, aus Mitteln der Stiftung Volkswagenwerk sowie bei der Finanzierung von Auftragsforschungsprojekten und Sonderforschungsbereichen verfahren wird.

Die DFG[178] hat Richtlinien für die verschiedenen Verfahren herausgegeben, die vielfach dem wesentlichen Inhalt nach auch von privaten Stiftungen angewandt werden. Die DFG-Mittel gelten nach wie vor

---

[172] § 8 und § 119 II BWUniG; Art. 6 III BayHSchG; § 138 I 3 HbgHSchG.

[173] Art. 7 d BayHSchG; § 53 III BerlHSchG; § 84 II BreHSchG; § 78 HbgHSchG; § 35 VII NsHSchG; § 98 NWWissHSchG; § 13 IV Rh-PfHSchG; § 13 V SaaUniG.

[174] § 78 III HbgHSchG; § 98 NWWissHSchG; § 13 IV Rh-PfHSchG; § 13 V SaaUniG.

[175] § 35 V NsHSchG; § 74 II BreHSchG; § 13 IV Rh-PfHSchG; § 13 V SaaUniG; (vgl. bes. § 13 V Satz 3 SaaUniG).

[176] § 35 VIII NsHSchG.

[177] *Heckmann*, HdbWissR, S. 979 f.

[178] DFG-Richtlinien (Sachbeihilfen), 2.01 - 1/81, S. 10.

haushalts- und rechnungsmäßig nicht als Beiträge Dritter[179]. Diese angesichts der sonstigen Verwaltungspraxis erstaunlich anmutenden Regelung geht zurück auf die im Jahre 1939 für Beiträge Dritter getroffenen ministeriellen Anordnungen, wonach Zuwendungen der DFG nicht über die Hochschulkasse gezahlt werden, weil sie überwiegend an freie Forscher gegeben und als Ausgaben zentral bei der DFG nachgewiesen, belegt und vom Rechnungshof geprüft werden. Dennoch geht die DFG schon seit längerer Zeit davon aus, daß für die Abwicklung der Unterstützung die Verwaltung der Forschungseinrichtung — insbesondere der Amtskasse — in Anspruch genommen wird[180]; damit soll insbesondere sichergestellt werden, daß die tarif-, sozialversicherungs- und lohnsteuerrechtlichen Bestimmungen beachtet werden. Das Verfahren beginnt jeweils mit der Geldanforderung nach Bewilligung; bei Käufen sind Preisnachlässe und Skonti wahrzunehmen; Einnahmen sind nicht verrechenbar; die Mittel werden gegenüber der DFG mit Hilfe von Verwendungsnachweisen abgerechnet und dort geprüft; die Prüfung erfolgt zunächst durch die DFG selbst; letztlich ist den Rechnungshöfen des Bundes und der Länder bei allen DFG-Bewilligungen ein Prüfungsrecht eingeräumt.

Auch Mittel privater Stiftungen werden möglichst über die wissenschaftliche Einrichtung gezahlt, an der der Empfänger tätig ist[181], und zwar in vierteljährlichen Beträgen. Die Verwaltungsstelle soll nach Abschluß der Förderung die Richtigkeit der Abrechnung bestätigen. Druckbeihilfen werden unmittelbar an den Verlag ausbezahlt, wenn das Werk erschienen ist, die Schlußabrechnung über die tatsächlich entstandenen Kosten vorgelegt, geprüft und anerkannt ist. Die Stiftung behält sich i. d. R. vor, die Verwendung der Beihilfe durch Einsicht in die Bücher und Belege beim Verlag zu prüfen oder prüfen zu lassen. Das Finanzgebaren der Stiftung selbst wird i. d. R. durch eine Treuhandgesellschaft geprüft.

34. Körperschaftsmittel

Über Körperschaftsvermögen und sonstige Zuwendungen verfügen unter Rechtsaufsicht grundsätzlich die akademischen Behörden[182]. I. d. R. wird die Verwaltung des Kanzlers als des Beauftragten für den Haushalt im Wege der Organleihe zur Verwaltung des Körperschaftsvermögens herangezogen. Mittel, die der Hochschule als Körperschaft zugewendet werden sollen, dürfen nicht angenommen werden, wenn zu

---

[179] *Bley*, S. 100.
[180] DFG-Richtlinien, S. 10.
[181] Hinweise für Antragsteller der Fritz-Thyssen-Stiftung, Köln 1980.
[182] *Bley*, S. 83; § 105 NWWissHSchG.

besorgen ist, daß die Erfüllung der Aufgaben der Hochschule oder die Rechte und Pflichten anderer Personen beeinträchtigt werden[183]. In einigen Ländern ist die Zustimmung des Verwaltungsrates erforderlich[184]. Darüber hinaus ist in einigen Ländern gesetzlich bestimmt[185], daß die Hochschule für einzelne Geschäfte in bezug auf das Körperschaftsvermögen die Einwilligung des Kultusministers einholen muß, etwa für die Annahme, wenn die Lasten den Wert der Zuwendung übersteigen, oder wenn Darlehen aufgenommen werden etc. Das Körperschaftsvermögen muß — worauf sich die Rechtsaufsicht erstreckt — für Zwecke der Hochschule eingesetzt werden[186]. Die Hochschule sollte möglichst einen Hochschulhaushalt aufstellen[187] und dabei nach den Grundsätzen der kameralistischen Buchführung verfahren. Bei der Verwaltung des Körperschaftsvermögens sind die für das Haushalts-, Kassen- und Rechnungswesen geltenden Vorschriften zu beachten[188]. Die Hochschule ist verpflichtet, das Vermögen pfleglich, wirtschaftlich und nutzbringend zu verwalten; dazu muß sie es insbesondere „genügend sicher, ertragbringend und soweit erforderlich" greifbar anlegen[189]. Diese Verpflichtungen ergeben sich aus der öffentlich-rechtlichen Natur der Hochschulen, die etwa Spekulationsgeschäfte verbietet. Die Hochschule muß „handeln wie ein verantwortungsbewußter Kaufmann". Die Haushaltsführung der Hochschule unterliegt bezüglich des Körperschaftsvermögens einer dessen besonderem Charakter entsprechenden Kontrolle durch den Rechnungshof[190].

---

[183] § 8 II BWUniG.

[184] § 8 II BWUniG.

[185] § 119 III BWUniG; Art. 79 BayHSchG.

[186] *Bley*, S. 75.

[187] § 105 NWWissHSchG; Art. 19 Nr. 10 und 80 BayHSchG; Entwurf eines Erlasses des NW Ministers für Wissenschaft und Forschung vom 1. 9. 1980, S. 7, 8.

[188] § 138 III HbgHSchG; § 22 III SHHSchG.

[189] *Bley*, S. 75 unter Hinweis auf die entsprechenden Vorschriften der Gemeindeordnungen, etwa § 78 BWGO.

[190] Art. 81 BayHSchG; § 105 IV NWWissHSchG.

III. Kritik an der gegenwärtigen Finanzverfassung der Hochschule und Verbesserungsvorschläge

a) Mängel im Verhältnis Hochschule — Staat

35. Mängel der Hochschulfinanzverfassung

Die Finanzverfassung der Hochschulen stößt seit langem auf Kritik, die zwar grundsätzlicher Natur und insofern konjunkturunabhängig, gleichwohl durch die Auswirkungen der gegenwärtigen Haushaltslage in einigen wesentlichen Punkten unterstrichen wird; das gilt insbesondere für das Verhältnis von autonomer und staatlicher (Finanz-)Planung.

Alt ist die Feststellung, daß die Grundsätze kameralistischer Haushaltsführung der Hochschule und ihrer Aufgabenerfüllung vielfach nicht angemessen ist[1].

Auch die undiffenzierte Anwendung der allgemeinen Maßstäbe und Verfahrensmodalitäten der Rechnungskontrolle bei der Prüfung des Finanzgebarens der Hochschule führt nicht zu nützlichen Ergebnissen[2].

Darüber hinaus ist in den Bereichen Finanzierung und Planung besonders deutlich geworden, daß das heikle Äquilibrium zwischen Hochschule und Staat zu Lasten der Hochschule außer Kontrolle zu geraten droht.

Will man die Kritik an der jetzigen Rechtslage und der faktischen Entwicklung vor allem im Bereich der Hochschulfinanzierung und -planung zusammenfassen, so ist das energische Vorrücken des Staates in den Entscheidungsraum der Hochschulselbstverwaltung unübersehbar[3]. Aufgabenverflechtung und Zentralisierung haben auf vielen Gebieten, die früher der eigenständigen Erledigung durch die Universitäten zugänglich waren, zu einem inhaltlich intensiven, ja absorptiven „Durch-

---

[1] *Schuster*, HdbWissR, S. 328 f.

[2] Dazu schon *Becker*, Hellmut / *Kluge*, Alexander, Kulturpolitik und Ausgabenkontrolle, zur Theorie und Praxis der Rechnungsprüfung, Frankfurt a. M. 1960, und jetzt der Tagungsband: Franz *Letzelter* und Heinrich *Reinermann*, Wissenschaft, Forschung und Rechnungshöfe, Wirtschaftlichkeit und ihre Kontrolle, Berlin 1981.

[3] *Wahl*, Bd. II, S. 266; zur historischen Entwicklung, die durch stetig fortschreitende Ingerenzen — vor allem im finanziellen Bereich — gekennzeichnet ist, vgl. *Pleyer*, pass.

griff" des Staates geführt, der die kondominale Verwaltung nachhaltig zu stören geeignet ist[4]. Die Auswirkungen auf die Hochschulselbstverwaltung sind schon sichtbar: Resignation und Sarkasmus greifen um sich; viele Hochschulmitglieder, die sich in der Selbstverwaltung engagieren, machen die verderbliche Erfahrung, daß das System unflexibel geworden ist, daß Ideenreichtum, Kreativität und Initiative ins Leere greifen, insbesondere keine Antwort auf der Finanzierungsseite erhalten, deren sie doch dringend bedürfen. Die derzeitige Situation der Hochschulen kann weder von der Struktur ihrer Selbstverwaltung noch vom Haushalts- und Planungsrecht allein begriffen und kritisiert werden: vielmehr zeigt die Neuverteilung der Aufgaben in den drei Funktionsbereichen, daß das Verhältnis zwischen Staat und Hochschule überhaupt problematischer geworden ist.

36. Kritik an Hochschulverwaltung und Hochschulfinanzverfassung

Soweit es zunächst die Hochschulverwaltung angeht, ist der Staat weit in den „inneren Bereich" der Aufgabenerfüllung eingebrochen. Gelegentlich[5] ist von der „Zerwaltung der Forschung" gesprochen worden. Die Ausweitung des Staatsanteils an der Studienreform und -planung sprengt den traditionellen Rahmen und läßt sich letztlich nur aus dem Umstand erklären, daß die Hochschulen weitgehend Ausbildungseinrichtungen geworden sind. Die neuen Hochschulgesetze können zutreffend als „Gesetze der Lehre" gekennzeichnet werden[6]. Waren Studium und Prüfungen bisher eindeutig Selbstverwaltungsangelegenheiten (wenn man von den mit Staatsprüfungen abgeschlossenen Studiengängen absieht)[7], so ist die Kompetenz heute in das Staat-Hochschule-Kooperationsfeld abgewandert[8]. In der gesetzlichen Detailregelung des Hochschulzuganges etwa[9] schlagen alle Neuerungen der Schulorganisation und die Veränderung der Bildungsinhalte unmittelbar auf die

---

[4] Für die analoge Problematik in der Kommunalverwaltung vgl. *Fürst / Hesse*, S. 119.

[5] So *Meusel*, WissR 11 (1978), S. 97 - 114.

[6] Zu der durch die Akzentverschiebung von Art. 5 III GG zu Art. 12 GG verursachten Erweiterung der staatlichen Gestaltungsrechte und -pflichten vgl. BVerfGE 33, 303 (339 f.); *Wolff / Bachof*, VerwR, Bd. II, § 93 II d; *Rupp*, Hans Heinrich, Die Stellung der Studenten in der Universität, in: VVDStRL 27 (1969), S. 113 - 141 (135).

[7] *Strauch*, S. 201 f.

[8] § 60 Nr. 1 HRG; zu den Studienreformkommissionen vgl. § 9 I, VII HRG.

[9] §§ 27 - 35 HRG; dazu im einzelnen *Karpen*, Ulrich (Hrsg.), Verfassungsrechtliche Fragen des Hochschulzuganges — Constitutional Aspects of Access to Higher Education, Beiheft 6 der Zeitschrift WissR, Tübingen 1978, bes. S. 12 ff., sowie *Bahro*, Horst, Das Hochschulzulassungsrecht in der Bundesrep. Deutschland (Komm.), Köln, Berlin 1981.

Hochschulen durch. Die gesetzlich vorgesehene abgestufte Ausübung staatlicher Aufsichtsbefugnisse und Sanktionsmöglichkeiten[10] in akademischen Angelegenheiten wird de facto durch die totale Abhängigkeit der Hochschulen von der staatlichen Finanzierung unterlaufen[11]; mittels des „goldenen Zügels" lassen sich nahezu alle Hochschulbereiche nach Wunsch lenken.

Die Abhängigkeit der Hochschule von staatlicher Finanzierung ohne Kompensation durch zureichende Mitwirkungsrechte gehört zu den Mängeln des Staat-Hochschule-Verhältnisses seit über 300 Jahren[12]. Die spannungsreiche Eigenart der Hochschulverwaltung besteht seit jeher darin, daß die fachliche Autorität bei den Lehrstuhlinhabern, also den Empfängern der Mittel liegt, während der Staat über finanzielle Fragen entscheidet und damit ein großes Stück der universitätspolitischen Verantwortung trägt. Weil Entscheidungen über die Ressourcenallokation ferner ganz allgemein — nicht nur in der Hochschulverwaltung — einen relativ hohen Konzentrations- und Zentralisierungsgrad aufweisen, wird eine aufgabennahe Sachentscheidung der nichtakademischen Hochschulverwaltung zusätzlich erschwert. Finanzielle Steuerungsinstrumente der staatlichen Seite und der höheren Ebene hat es — auch wenn sie von inhaltlichen Kompetenzen nicht immer gedeckt sind — schon immer gegeben[13]. So ist es verständlich, daß die Universitäten unmittelbar nach dem Kriege — in einer Zeit, als ihre Autonomie wegen der Diskreditierung des Staates ein nie gekanntes Ausmaß erreichte — eine stärkere Selbst- und Mitbestimmung gerade bei der Bereitstellung und beim Einsatz der staatlichen Mittel anstrebten[14]. Diese Bemühungen, die in zahlreichen Neuordnungsvorschlägen ihren Niederschlag fanden, hatten jedoch bei den meisten Universitäten keine grundlegende Strukturveränderung der im Laufe des 18./19. Jahrhunderts herausgebildeten Finanzverfassung zur Folge. Insbesondere wurde der Forderung der Hochschulen, die Selbständigkeit in der wissenschaftlichen Fragestellung durch eine entsprechende Verfügungsfreiheit über Sachmittel zu stärken, bei der Finanzverfassungsreform des Jahres 1969 und danach nicht Rechnung getragen. Die Hochschulgesetzgebung der 70er Jahre ist vollends über sie hinweggegangen.

---

[10] § 59 HRG, §§ 106 ff. NWWissHSG; *Wolff / Bachof*, VerwR, Bd. II, § 77 II c.

[11] *Wolff / Bachof*, VerwR, Bd. II, § 93 IV e.

[12] Nachzeichnung der einzelnen Schritte bei *Pleyer*, S. 5 ff.

[13] *Scharpf*, Fritz W. / *Reissert*, Bernd / *Schnabel*, Fritz, Politikverflechtung: Theorie und Empirie des kooperativen Föderalismus in der Bundesrepublik, Kronberg 1976, S. 28 f.; *Wahl*, Bd. I, S. 119 f.

[14] *Raiser*, Ludwig, Die Universität im Staat, Heidelberg 1958, S. 34 f.; *Schelsky*, Helmut, Einsamkeit und Freiheit, Reinbek 1963, S. 131 f.; *ders.*, Abschied von der Hochschulpolitik oder die Universität im Fadenkreuz des Versagens, Bielefeld 1969, S. 97 f.

Abgesehen von der Grundsatzfrage, ob die ausschließliche Staatsfinanzierung der Hochschulen nicht nur historisch gewachsen, sondern auch sachgerecht oder aber letztlich anachronistisch und nur aus praktischen Gründen (derzeit) nicht veränderbar ist, wirft die gegenwärtige Hochschulfinanzverfassung ein „systemimmanentes" Problem auf. Die Frage ist, ob es das gegenwärtige Haushaltsrecht — insbesondere die Haushaltsgrundsätze und das Verfahren der Verabschiedung und des Vollzuges des Staatshaushaltes — erlaubt, den unübersehbaren Unterschieden zwischen der hierarchisch gegliederten Staatsverwaltung einerseits und der Hochschulen andererseits Rechnung zu tragen[15].

Insgesamt führt das gegenwärtige Haushaltsrecht zu einer schwer überwindbaren Knebelung der hochschuleigenen Planungs-, Dispositions- und Entscheidungsmöglichkeiten. Die „Anziehungskraft des größeren Haushaltes" — wie der preußische Finanzminister Popitz meinte — hat sich zur Alleinbestimmung durch die staatlichen Haushalte in fast allen Hochschulagenden entwickelt. Der Graben zwischen Haushaltsexperten und Politikern in Ministerien und Parlamentsausschüssen einerseits und Hochschulmitgliedern, die vielfach keine gründliche Kenntnis von Haushaltsplanungs- und Rechnungsprüfungsmethoden haben, andererseits vertieft sich.

Angesichts dieser Entwicklung bedürfen folgende Einsichten der Bekräftigung:

— Die Planung von Forschung und Lehre erfordert auch eine hinlänglich gesicherte Prognose über die zur Verfügung stehenden Ressourcen[16];

— auch im modernen Wissenschaftsbetrieb gehört es zu den Voraussetzungen einer sinnvollen Forschungsarbeit, daß der Forscher über den Einsatz, die Benutzung und Verwendung sachlicher und personeller Mittel in gewissem Umfange allein entscheiden kann[17];

— die Entscheidung, ob ein Forschungsvorhaben „wirtschaftlich" ist, kann letzlich nicht der Rechnungshof, sondern nur der einzelne Forscher und die Gemeinschaft der Wissenschaftler treffen[18].

---

[15] *Scheven / Pelzner*, Hochschulrechtliche Aspekte der Gesamthochschulen in Nordrhein-Westfalen, WissR 6 (1973), S. 4; *König*, Eberhard — Troge, Andreas, Die eigentümliche Ökonomie der Hochschulbürokratie — Einige Beispiele aus Bayern, WissR 13 (1980), S. 127 - 154 (insbesondere zu den finanziellen Aspekten von Berufungsverhandlungen); *Dorn*, Heinz, Möglichkeiten und Grenzen der Prüfung von Ausgaben für Forschung durch Rechnungshöfe, WissR 11 (1978), S. 63 - 69; *Becker / Kluge*, S. 37 f.; *Tettinger*, S. 60 f.; *Kries*, Wulf von, Phasenweise Förderung von Forschungs- und Entwicklungsprojekten, WissR 7 (1974), S. 1 - 13.

[16] *Raiser*, Ludwig, S. 31.

[17] BVerfGE 43, 242 (282).

Eine stärkere Beteiligung der Grundrechtsträger des Art. 5 III GG, eine engere Zusammenarbeit zwischen akademischen Organen und Staatsverwaltung auch in finanziellen Angelegenheiten ist deshalb unerläßlich[19].

37. Zur Kritik an der Hochschulplanung

Dem inneren Zusammenhang der Hochschulverwaltungsaufgaben der „inneren" und „äußeren" Angelegenheiten, der zur Zusammenführung aller Verwaltungsaufgaben in der Hand einer Einheitsverwaltung geführt hat, entspricht die Notwendigkeit enger Zusammenarbeit zwischen Staat und Hochschule bei allen Planungen[20]. Gerade bei der Planung bedarf die vertikale und horizontale Aufspaltung der Verwaltung in Verwaltungsebenen, Ressorts und verselbständigte Verwaltungseinheiten — die die Hochschulen in diesem Zusammenhang auch sind — der inhaltlichen Abstimmung und des Konsenses der Planungsträger. Alle Pläne — nicht nur Hochschulpläne — zeigen die Tendenz zur Querkoordination, zur Integration der verschiedenen Planungsträger, zur Mehrebenenkoordination[21]. Daß die sich „aus der Natur der Sache Planung" ergebende Tendenz zur inhaltlichen Konzentrierung und organisatorischen Verflechtung, zur Querschnitts- und Mehrebenenplanung mit Vorrang des übergeordneten Planes[22], das ohnehin bestehende Spannungsverhältnis zwischen Selbstverwaltung und Staatsverwaltung im Hochschulbereich weiter belasten muß, liegt auf der Hand.

Auch zwischen den Sachanforderungen der Planung und der wissenschaftsadäquaten administrativen Struktur besteht jedoch ein Spannungsverhältnis. Planungssysteme als neue administrative Erscheinungen haben es vielfach vermocht, die Aufgabenerfüllung zu erleichtern, wie etwa die Finanzplanung durch Vorausschau des mittelfristig verfügbaren Haushaltsrahmens; sie haben gelegentlich aber auch bestehende Verzerrungen der Kompetenzstruktur — de jure oder de facto — verschärft; das gilt insbesondere für die Hochschulplanung. Nach dem Gesetz sollen die Hochschulen kondominal verwaltet werden. Aber das Übergewicht der staatlichen Planung, die überwiegend Planung der „äußeren Angelegenheiten", insbesondere Finanzplanung ist, engt die Entscheidungsfreiräume der Hochschulen ein. Dem „Sog des großen

---

[18] *Vogel*, Klaus, Verfassungsrechtliche Grenzen der öffentlichen Finanzkontrolle, DVBl. 1970, S. 193 - 200 (198).

[19] Vgl. schon die „Anregungen zur Gestalt neuer Hochschulen" des Wissenschaftsrates, 1962, S. 23.

[20] § 60 Nr. 3, 23 HRG; Zusammenarbeit im Wissenschaftsrat.

[21] *Wahl*, Bd. I, S. 9, 65 f.

[22] Zur Gefahr der Aufgabenverschiebung durch Planung vgl. *Ossenbühl*, S. 72 f.

Planes" — um Popitz' Diktum abzuwandeln — kann sich die Eigenplanung der Universitäten nicht entziehen.

Nicht nur macht sich bei der Ausarbeitung von Plänen die in der Sache liegende Schwierigkeit bemerkbar, für Forschung und Lehre langfristige Konzeptionen zu entwickeln, die einzelnen Schritte der Verwirklichung vorzuzeichnen und den Finanzbedarf für die einzelnen Abschnitte zu berechnen. Vor allem macht die mittelfristige Festlegung der Bauvorhaben und des Personalbedarfs sowie die Einbettung der Finanzierungsansätze in die umfassende Finanzplanung der Länder und des Bundes eine spätere Anpassung der so fixierten Rahmenbedingungen an wissenschaftlich bedingte Änderungen fast unmöglich. Der Plan für die Entwicklung der „äußeren Angelegenheiten" erweist sich als Prokrustesbett für die „inneren".

Das Planungsdefizit der Hochschulen läßt sich schon aus dem HRG[23] erkennen. Die Hochschulentwicklungspläne sind lediglich „Unterlagen" für die Aufstellung und Fortschreibung des Hochschulgesamtplanes. Bei der Aufstellung dieser „Unterlagen" müssen sich die Hochschulen zudem an dem bestehenden Hochschulgesamtplan und der Finanzplanung orientieren, ferner den Hochschulrahmenplan und die Kapazitätsverordnung berücksichtigen. Auch raumordnerische und landesplanerische Ansätze müssen beachtet werden. Letztlich kann das Land auch allgemeine Grundsätze, Richtwerte und Muster für die Hochschulentwicklungsplanung festlegen. Nach einigen Landeshochschulgesetzen[24] ist der Entwicklungsplan dann auch noch dem Ministerium zur Genehmigung vorzulegen. Es ist schwer zu erkennen, wie angesichts dieses dichten Netzes von Vorgaben und Vorschriften die verfassungsrechtlich verbürgte Funktionsfähigkeit der Hochschulselbstverwaltung — als Verwaltungsfähigkeit, Planungsfähigkeit, Innovationsfähigkeit — erhalten, geschweige denn gestärkt werden kann.

38. Verbesserungsmöglichkeiten und Reformvorschläge

Die geschilderten Mängel von Hochschulverwaltung und Finanzverfassung machen Überlegungen notwendig, wie Eigenverantwortung und Selbstverwaltung der Hochschule den heutigen Bedingungen einer staatsfinanzierten Großeinrichtung für Wissenschaft angepaßt werden kann. Wenn man sich pragmatisch auf den Standpunkt stellt, die mühsam genug zustande gekommenen Hochschulgesetze seien auf absehbare Zeit nicht zu ändern, zumal sie in allen wesentlichen Punkten durch die Rechtsprechung des Bundesverfassungsgerichtes bestätigt

---

[23] §§ 67 - 69 HRG.
[24] Vgl. etwa § 101 2 NWWissHSG.

sind, muß es erstes Ziel der Bemühungen sein, durch sorgfältige Auslegung eine dem akademischen Bereich angemessene Anwendung des
geltenden Rechtes zu ermöglichen. Das wäre eine Verbesserung durch
kleine Schritte. Darüber hinaus ist es Wissenschaft und Praxis jedoch
unbenommen, die rechtspolitische Flanke des Problems offenzuhalten
und Reformen größeren Stils anzuregen und vorzubereiten.

In diesem Sinne wird unter b) zunächst der Frage nachgegangen, was
bei der Anwendung des Haushaltsrechtes auf die Hochschulen anders
und besser gemacht werden könnte. Unter c) soll dann geprüft werden,
wie und in welchem Umfang den Hochschulen verstärkt Anteil an sie
betreffenden Finanzierungs- und Planungsentscheidungen eingeräumt
werden kann. Alle Reformüberlegungen lassen sich von der Vorstellung
leiten, daß eine interessierte, bessere, wirksamere Hochschulverwaltung nicht durch vermehrte staatliche Reglementierung, sondern durch
mehr Eigeninitiative, also eine Stärkung der Selbstverwaltung (d) erreicht wird.

b) Wissenschaftsfinanzierung und Haushaltsrecht

39. Das Ziel: Leistungsorientierte Mittelverwendung

Kritische Stimmen — außerhalb und innerhalb der Hochschule —
machen seit längerem darauf aufmerksam, daß für Forschung und
Lehre zur Verfügung stehende Mittel innerhalb der Hochschule nicht
effizient eingesetzt werden. Bei der Finanzierung der Aufgabenerfüllung muß verstärkt der Maßstab der Wirtschaftlichkeit[25] angelegt werden, der fordert, daß mit gegebenen Mitteln ein Höchstmaß an Leistung
oder eine bestimmte Leistung unter geringstmöglichem Mitteleinsatz
erbracht wird. Es widerspricht diesem Grundsatz, wenn Mittel nach
„dem Gießkannenprinzip" verteilt werden und die Gewährleistung einer
allgemeinen breiten Grundausstattung alleinige Verteilungsmaxime ist.
Stattdessen müssen — gerade angesichts der gegenwärtigen Haushaltslage — Anstrengungen gemacht werden, dem Leistungsprinzip zum
Durchbruch zu verhelfen. Die Zuweisung der Mittel an Personen und
Institutionen innerhalb der Hochschule muß sich mehr als bisher an der
Qualität der Forschung und Lehrbelastung orientieren. Diese Aufgabe
ist mit Schwierigkeiten verbunden, die insbesondere die Objektivität
des Meßverfahrens betreffen. Es ist schwer möglich, wenn nicht unmöglich, alle Aufgaben der Hochschule mit einem quantitativen Maßstab zu erfassen. Weil Hochschulleistungen nur selten monetär erfaßbar
sind, lassen sich die gewohnten Rentabilitätskriterien aus dem Wirt-

---

[25] Wissenschaftsrat, Mitteleinsatz, S. 50.

schaftsleben nur bedingt auf die Hochschulen übertragen. Immerhin lassen sich in bezug auf die Forschungsfinanzierung Erfahrungen der DFG auf die Hochschulfinanzierung übertragen. Primär geht es darum, dem einzelnen Forscher und der einzelnen Forschungseinheit Anreize zum Einwerben zusätzlicher Mittel zu geben. Es muß möglich werden, auch hochschulintern — nicht nur drittmittelgerichtet — Anträge auf Zusatzförderung zu stellen. Nachgewiesen oder erwartet gute Forschung muß verstärkt gefördert werden[26]. Vergleichbares gilt für den Bereich der Lehre. Hier muß die Mittelverteilung sich an der Belastung orientieren. Diese sollte an der Zahl der Studenten in der Regelstudienzeit nicht erfaßt werden. Insbesondere Stellen und Hilfskräfte müßten flexibel nach der jeweiligen Lehrbelastung verteilt werden.

Wirtschaftliches Handeln der Hochschulen läßt sich vor allem durch die Stärkung der Hochschulselbstverwaltung[27] und die Belebung der Initiative des einzelnen erreichen, nicht durch noch stärkere staatliche Reglementierung von Einzelentscheidungen und administrative Detailkontrolle. Nur wenn die Hochschule und ihre Mitglieder am optimalen Einsatz der zur Verfügung stehenden Mittel selbst interessiert sind, besteht die Chance, daß Leistungsfähigkeit und Wirtschaftlichkeit verbessert und auf Dauer gesichert werden. Leistungssteigerungen müssen m. a. W. für die Hochschule und ihre Mitglieder positiv und damit als Anreiz auswirken. Das Haushaltsrecht muß so aufgelockert werden, daß es der Hochschule den notwendigen Entscheidungsspielraum gibt. Es muß grundsätzlich eine Dreiteilung der Mittel vorgesehen werden: neben einer Grundausstattung sollte es eine Zusatzausstattung für die Forschung und eine Zusatzausstattung für die Lehre geben. Damit würde der Modus für die Verteilung der Grundfinanzierungsmittel den Drittmittel- und Körperschaftsmittel-Vergabekriterien angenähert.

Der Wissenschaftsrat[28] hat darauf hingewiesen, daß es für die Funktionsfähigkeit und den Erfolg der vorgeschlagenen Neuregelung entscheidend darauf ankommt, wie Zuständigkeiten und Verantwortung für die Mittelvergabe in der Hochschule neu organisiert werden. Es kann nicht darum gehen, die ohnehin hypertrophe Organisation um neue Gremien zwischen Hochschule und Staat oder innerhalb der Hochschule anzureichern. Der Wissenschaftsrat schlägt vor allem folgende Änderungen der gegenwärtigen Organisation vor[29]:

---

[26] Wissenschaftsrat, Drittmittelforschung, S. 4 f.; Stifterverband (Hrsg.), Förderung wissenschaftlicher Spitzenleistungen, Begründungen und Wege (Villa-Hügel-Gespräch), Essen 1981, S. 9 ff., S. 33.

[27] Wissenschaftsrat, Mitteleinsatz, S. 50.

[28] Mitteleinsatz, S. 57 f.

[29] Mitteleinsatz, S. 57 f.

— Die für die Mittelverteilung zuständigen Gremien sollten eine Größe haben, die ein effizientes Arbeiten ermöglicht; der Senat ist zu groß;

— die Hochschulleitung sollte für die Zusatzfinanzierungen Antragsrecht haben;

— die fachliche Ebene sollte stärker beteiligt werden;

— es sollte erwogen werden, ein Forschungskuratorium einzurichten;

— auch an die Bestellung einer zentralen Kommission für die Verteilung der Lehrverstärkungsmittel ist zu denken;

— sie könnte u. a. für den flexiblen Mitteleinsatz für die Lehre einen zentralen Stellenpool verwalten (nach Art des früheren zentralen Fonds von Diätendozenturen).

Soweit es das Verfahren der Hochschulverwaltung angeht, kommt viel auf die Verbesserung des Informationswesens an. Nicht nur die Öffentlichkeit hat ein Informationsbedürfnis; auch die Mitglieder der Hochschule sind an einer „Leistungsbilanz"[30] interessiert. Die zu diesem Zweck notwendige Erhebung der Daten ist vor allem auch wichtig für die Entscheidungen zur Hochschulentwicklung, Verteilung von Stellen und Sachmitteln. Besonders wichtig ist es ferner, das bisherige Verfahren der Budgetierung, Verteilung, Bewirtschaftung und Kontrolle der Haushaltsmittel den Bedürfnissen einer stärker vom Selbstverwaltungsprinzip bestimmten Finanzverwaltung anzupassen. Das gilt zunächst für die Landesetatmittel, aber auch die Drittmittel und das Körperschaftsvermögen.

40. Haushaltsmittel und Haushaltsrecht

Die fast vollständige Finanzierung der Hochschulen durch den Staat enthebt die Hochschule prinzipiell der Notwendigkeit, sich von dritter Seite Mittel zu beschaffen zu müssen und gewährleistet mit der Unabhängigkeit von privaten Geldgebern auch die Freiheit ihres Wirkens[31]. Der Staat ist — anders als private Dritte — an die Verfassungsgarantie des Art. 5 III GG gebunden; er darf das Abhängigkeitsverhältnis nicht zu Eingriffen in die verfassungsrechtlich geschützte Sphäre mißbrauchen. Darüber hinaus liegt es im Interesse eines wirtschaftlichen Mitteleinsatzes — und also auch des Staates —, daß die Hochschulen selbst in hinreichender Unabhängigkeit über die Verwendung der staatlichen Mittel entscheiden können[32].

---

[30] Wissenschaftsrat, Mitteleinsatz, S. 58 f.
[31] *Bley*, S. 44, 63 f.
[32] Wissenschaftsrat, Mitteleinsatz, S. 54.

Das geltende Haushaltsrecht steht dem nicht entgegen, da es prinzipiell erlaubt, den Hochschulen entsprechende Kompetenzen einzuräumen. Von den einschlägigen Delegations- und Befreiungsmöglichkeiten wird jedoch kein ausreichender Gebrauch gemacht. Der tatsächliche Spielraum der Hochschulen ist durch enge Bewilligungsrichtlinien und Vergabevorschriften eingeschränkt. Die Haushaltsgrundsätze werden bei der Hochschulverwaltung im Prinzip nicht anders als in sonstigen Verwaltungszweigen angewandt. Das führt zu unangemessenen Bindungen des Mitteleinsatzes. Denn die Haushaltsgrundsätze stehen einer effektiven Verwaltung von Forschung und Lehre im Wege.

Die Überspannung des Gebotes der Haushaltsklarheit, das Genauigkeit und Einheitlichkeit des Haushalts sichern soll, behindert die Abrechnung aus verschiedenen Quellen finanzierter Vorhaben[33]. Oft kommen innerhalb des Hochschulhaushaltes verschiedene Titel für die Finanzierung eines Forschungsprojektes in Betracht, was gegen den Grundsatz der Veranschlagung in einem Titel verstößt. Für Drittmittel werden vielfach sog. Liberalisierungsvermerke angebracht, die eine freiere Verwendung ermöglichen sollen[34]. Das hindert jedoch nicht, daß der Rechnungshof der Verwendung solcher nichtstaatlicher Mittel nach den allgemeinen Grundsätzen prüft. Unsicherheiten zwischen Zuwendenden und Universitäten führt deshalb gelegentlich dazu, daß Geber die Zuwendung kassen-, haushalts- und rechnungsmäßig aus dem Universitätsbereich herauszuhalten bemüht sind und als sog. „schwarze Fonds" auf privatwirtschaftliche Art ihren Zwecken dienstbar machen, meist nicht aus Scheu vor Publizität und Kontrolle, sondern wegen der Unmöglichkeit, anderenfalls alle rechtlichen Wirkungen vorauszusehen[35]. Nicht zuletzt aus diesem Grunde gelten die DFG-Mittel nicht als Drittmittel; sie unterfallen daher nicht dem Vollständigkeitsprinzip, sind übertragbar und deckungsfähig. Auch ist die Kürzung der staatlichen Finanzmittel als Folge der erfolgreichen Einweisung von Drittmitteln falsch: eher sollte es umgekehrt sein[36].

Der Wissenschaftsrat[37] hat an den Gesetzgeber appelliert, die Möglichkeiten der Selbstbewirtschaftung von Haushaltsmitteln durch die Hochschulen zu verbessern[38]. Es sollte der einzelnen Hochschule gestat-

---

[33] *Zeh*, S. 25.

[34] *Bley*, S. 96.

[35] *Bley*, S. 9.

[36] Wissenschaftsrat, Drittmittelforschung, S. 21.

[37] Wissenschaftsrat, Mitteleinsatz, S. 55.

[38] Der Versuch, auf die Selbstbewirtschaftungsklausel der Haushaltsordnungen zurückzugreifen, die in gewissem Umfange eine Ausnahme von verschiedenen Haushaltsgrundsätzen, insbesondere vom Bruttoprinzip, zuläßt, führt einstweilen nicht weit; denn dieser Weg selbstverantwortlicher Wirtschaftsführung läßt sich für begrenzte Geschäftsbedürfnisse gehen — bei der

tet sein, die Einnahmen aus der Veräußerung von Gebrauchsgütern und -maschinen (ggf. bis zu einer Obergrenze) zur Verstärkung von Investitionsmitteln einsetzen zu können. Das förderte ein wirtschaftliches Investitionsverhalten und trüge auch besser Veränderungen der Forschungsthematik und entsprechenden apparativen Erfordernissen Rechnung. Der Wissenschaftsrat[39] schlägt zu diesem Zweck die Einrichtung korrespondierender Einnahme- und Ausgabetitel vor. Einnahmen aus Vermietung etc. könnten der unmittelbaren Verfügung durch die Hochschule überlassen bleiben.

Die sachliche Bindung, das Appropriationsprinzip, erlaubt einen detaillierten Einblick in die Verwaltung und schafft „scharfe Profile", läßt aber kaum Raum für die Deckungsfähigkeit[40], die in der Hochschule — vor allem im Hinblick auf Personal- und Sachmittel — dringend erforderlich ist. Der Wissenschaftsrat[41] hat vorgeschlagen, von der in begrenztem Umfang bestehenden gegenseitigen Deckungsfähigkeit verwandter Titel vermehrt Gebrauch zu machen — insbesondere bei verschiedenen Investitionstiteln und Forschungs- und Lehrmitteltiteln gegenüber Personalausgabetiteln — und im übrigen die Möglichkeiten der Deckungsfähigkeit zu erweitern[42]. Wahrscheinlich würde es — gäbe es die haushaltsrechtliche Möglichkeit, daß ein Professor eine ihm zugeordnete Mitarbeiterstelle „umtauschen" könnte — rasch offenbar, daß es selbst unter den heutigen beengten Verhältnissen im Stellenplan „noch Luft gibt"[43]. Jedenfalls[44] sollten Personalmittel für Stellen, die zeitweise unbesetzt sind, für befristete Unterbesetzungen, Lehraufträge, Werkverträge und Hilfskräfte genutzt werden. Entsprechendes sollte gelten, wenn der Stelleninhaber unter Fortfall der Bezüge beurlaubt ist.

Das Prinzip der Jährlichkeit — die ein- oder zweijährige Laufzeit des Haushaltes — gehört zum eisernen Bestand der Kameralistik des 18. Jahrhunderts und des parlamentarischen Budgetrechts des 19. Jahrhunderts. Aber keine Hochschule plant ihre Aufgaben und Finanzen im

---

Materialverwaltung von Bundeswehr und Bundesgrenzschutz etwa —, nicht aber bei der Verwaltung eines Hochschuletats mit einem Volumen von mehreren 100 Mio DM.

[39] Mitteleinsatz, S. 56.

[40] § 107 i. V. m. § 108 IV BreHSchG und § 97 I 3 Rh-PfHSchG lassen eine begrenzte Deckungsfähigkeit von Haushaltsmitteln zu.

[41] Empfehlungen zum Mitteleinsatz, S. 54 f.

[42] Auch *Schuster* empfiehlt (HdbWissR, S. 333) die Deckungsfähigkeit von Personal- und Sachmitteln und schlägt im übrigen vor, bei verwaltungsmäßigem und sachlichem Zusammenhang von Ausgaben zwischen einer geborenen und einer gekorenen Deckungsfähigkeit zu unterscheiden.

[43] *Knies*, Wolfgang, Die Etats der Hochschulen — es ist noch Luft drin, Hochschulpolitische Informationen, Jg. 1982, Heft 13, S. 3.

[44] Wissenschaftsrat, Empfehlungen zum Mitteleinsatz, S. 55.

Ein- und Zweijahresrhythmus. Die Überlegungen zur baulichen Entwicklung, zum Ausbau des Lehrkörpers, zur Entwicklung der Studentenzahlen rechnen mit 3, 5, 7 und mehr Jahren. Der Universitätshaushalt ist eben kein Alimentationsplan, wie der Stellenplan eines Finanzamtes oder der Haushaltsplan der Polizei, sondern eher ein politischer Entwicklungsplan mit Programmsätzen, der stets der sachlichen Veränderung in der Zeit zugänglich bleiben muß. Die gesetzlich vorgesehenen Möglichkeiten der Übertragbarkeit und des Vorgriffs reichen bei weitem nicht aus[45], mit diesem Problem unterschiedlicher Zeithorizonte fertigzuwerden. Bezeichnenderweise sind deshalb die DFG-Mittel ausdrücklich deckungsfähig und übertragbar.

41. Bewirtschaftung der Haushaltsmittel und Rechnungskontrolle

Auch das vom Haushaltsrecht vorgesehene Verfahren der Budgetaufstellung und der Haushaltsausführung läßt der Selbständigkeit der Hochschulverwaltung wenig Raum. Die Hochschule müßte gerade in Finanzdingen in enger Abstimmung mit der staatlichen Seite verwaltet werden. Es kann aber keine Rede davon sein, daß eine bis zur Verabschiedung des Haushaltes reichende Kooperation gewährleistet ist. Zwar hält der zuständige Hochschulreferent des Kultusministeriums vielfach enge Verbindung mit der Universität und ihren Fachbereichen. Bei der Aufstellung seines Einzelplanes kann der Minister aber Anforderungen zwischen den Hochschulen ausgleichen, so daß die einzelne Hochschule nicht weiß, wieviele Personalstellen und Sachmittel ihr letztlich zugebilligt werden und folglich nicht festlegen kann, wen sie anstellen kann und welchen Sachaufwand für Lehre und Forschung sie veranschlagen darf.

Die hochschulinterne Verteilung der Etatmittel sollte in die Kompetenz eines zentralen Organes[46] gelegt werden. Die Grundausstattung sollte so knapp wie möglich gehalten werden. Das finanzielle Volumen der leistungs- und belastungsabhängig verteilten Mittel sollte dadurch erhöht werden, daß diese Mittel von der jährlichen Steigerungsrate besonders profitieren[47]. Die Zusatzmittel sollten einem besonderen Fonds zugewiesen werden[48]. Soweit es die Bewirtschaftung der so verteilten Mittel und das Rechnungswesen der Hochschule angeht, sollte statt der bisherigen kameralistischen Rechnungsführung die kaufmännische Buchführung eingeführt werden, die zu einer besonderen Hoch-

---

45 Wissenschaftsrat, Mitteleinsatz, S. 55; *Schuster*, HdbWissR, S. 334, schlägt eine Unterscheidung von geborener und gekorener Übertragbarkeit vor.
46 Des Senates oder (besser) eines kleineren Gremiums.
47 Wissenschaftsrat, Mitteleinsatz, S. 51 f.
48 Wissenschaftsrat, Drittmittelforschung, S. 22, 23.

schulkostenrechnung ausgebaut werden müßte. Überhaupt müßte die Betriebswirtschaftslehre der Hochschule[49] eine größere theoretische und praktische Beachtung finden.

Über die prinzipiellen Mängel und kasuellen Kuriositäten der Rechnungskontrolle im Hochschulbereich ist viel berichtet worden[50]. Die bewährten Methoden der Rechnungsprüfung versagen im Hochschulbereich. Natürlich gibt es auch dort Anlaß zur Prüfung der formalen Richtigkeit. Ferner muß zugegeben werden, daß auch in der Hochschule gelegentlich Verschwendung getrieben wird. Hier hat die Anwendung der betriebswirtschaftlichen Methoden der Wirtschaftlichkeits- und Sparsamkeitsprüfung ihre Berechtigung und wird die Beurteilung als bloße „Spruchweisheiten" oder „regulative Utopien"[51] ihrer Bedeutung nicht gerecht. Es gibt aber weite Bereiche von Forschung und Lehre, die der Rechnungshof nicht beurteilen kann. Nicht nur fehlt ihm die Vertrautheit mit der Materie[52]. Die Erfahrung zeigt weiter, daß die klassische Rechnungsprüfung der Verwendung großer Summen nur unvollkommen gerecht wird; um die Kontrolle der Bewirtschaftung großer Summen geht es in Forschung und Lehre aber überwiegend. Dieses Versagen hat seinen Grund wahrscheinlich in der geringen Überzeugungskraft eines an den Rechnungsdetails geschulten und nicht an großen, flexibel verwendeten Verfügungsmitteln entwickelte spezifischen Scharfsinnes[53].

Hinzu kommt, daß der Rechnungshof bei der Prüfung der Hochschulen ohne sein Zutun überfordert wird. Von ihm werden vielfach Leistungen erwartet, die Sache der Verwaltung sind, sei es der staatlichen, sei es der Selbstverwaltung[54], gelegentlich sogar in den Bereich der Hochschulpolitik fallen, so etwa, wenn man von ihm verlangt, die neue Universitätsorganisation am Maßstab von Sparsamkeit und Wirtschaftlichkeit zu messen[55]. Der Rechnungshof ist weder der Nachlaßverwalter des preußischen Universitätskurators noch ein taugliches Korrektiv für eine schlecht gelungene Hochschulreform. Hier müssen Fehlvorstellungen und weit überdehnte Erwartungen korrigiert werden, sowohl außerhalb wie innerhalb der Hochschule.

---

[49] Erste Ansätze bei *Bolsenkötter*, Heinz (Libera-Projektgruppe), Ökonomie der Hochschule. Die Hochschule als Dienstleistungsbetrieb, Bde. 1 - 3, Baden-Baden 1976.

[50] *Becker / Kluge*, pass.; *Letzelter / Reinermann*, pass.

[51] *Vogel*, Klaus, DVBl. 1970, S. 195.

[52] *Becker / Kluge*, S. 81 f.

[53] *Becker / Kluge*, S. 213.

[54] *Becker / Kluge*, S. 77.

[55] Dazu jetzt *van Lith*, Ulrich, Die Kosten der akademischen Selbstverwaltung. Eine vergleichende Untersuchung über den Zeitaufwand und die Kosten der Gremientätigkeit an vier deutschen Universitäten, München 1979.

Ob das Spannungsverhältnis zwischen den Verfassungsprinzipien der Rechnungsprüfung einerseits und der Freiheit von Forschung und Lehre andererseits durch die Einführung einer Innenrevision also einer sachnahen mitlaufenden Selbstkontrolle, einer Vereinigung von Planung, Vollzug und Kontrolle in einer Hand, gemildert werden könnte, ist umstritten[56]. Aber selbst wenn auf diese Weise die Arbeit des Rechnungshofes in der Hochschule erleichtert und Reibungsflächen abgeschliffen werden könnten, bliebe das alte Thema „Hochschule und Rechnungshöfe" aktuell[57].

42. Drittmittel

Die WRK hat es in einer Empfehlung vom 2. Februar 1981[58] als hinderlich bezeichnet, daß Drittmittel über die Landeshaushalte abgewikkelt werden müssen. Das hat für den einzelnen Wissenschaftler Einschränkungen hinsichtlich der Flexibilität der Verwendung und der Schnelligkeit der Verfügung zur Folge. Die WRK verkennt dabei nicht die Absicht des Gesetzgebers, auch bei der Drittmittelforschung Transparenz herzustellen und Interessenkollisionen zu vermeiden. Die gewählten Mittel seien aber zur Erreichung dieses Zieles nicht notwendig. Die erforderliche Kontrolle lasse sich auch auf andere Weise erreichen.

Auch das Argument, die Hochschullehrer würden von mannigfachen Verwaltungsgeschäften entlastet, schlage nicht durch: viele Wissenschaftler seien bereit, Verwaltungsaufwand zu übernehmen, wenn sie dadurch rascher über die Mittel verfügen könnten. — In mehreren Empfehlungen[59] hat der Wissenschaftsrat auch auf die Notwendigkeit hingewiesen, das Nebentätigkeitsrecht neu zu regeln und u. a. auch das Drittmittelrecht zu verbessern. Insbesondere müssen Obergrenzen für den quantitativen Umfang der Nebentätigkeit festgesetzt werden und die Erstattungspflicht für Personal- und Sachleistungen präzisiert werden.

43. Körperschaftsvermögen

Das „Unnatürliche"[60] der staatlichen Hochschulfinanzierung, der Fremdfinanzierung eines autonomen Verbandes, erfährt durch das Eigenvermögen nur eine prinzipielle, keine quantitativ ins Auge springende

---

[56] *Letzelter / Reinermann*, S. 165 f.

[57] Vgl. auch *Kewenig*, W. A., Hochschulen und Rechnungshöfe, DUZ 1978, S. 362 - 365; *Dorn*, Heinz, Möglichkeiten und Grenzen der Prüfung von Ausgaben für Forschung durch Rechnungshöfe, WissR 11 (1978), S. 63 - 69.

[58] WRK-Arbeitsbericht 1981, S. 75.

[59] Medizinempfehlung 1976; jetzt wieder in: Mitteleinsatz, S. 56 f.

[60] *Bley*, S. 74.

Korrektur. Das Stiftungs-, Steuer- und Haushaltsrecht ist für Zuwendungen an die Hochschule nicht günstig. Hier muß vieles verbessert werden[61]. Der Staat hätte allen Anlaß, die Stiftungsneigung anzuregen, denn durch Zuwendungen an die Körperschaft werden die von ihm für die Wissenschaft aufgewandten Mittel verstärkt. Die Stiftungsbereitschaft läßt sich aber nicht allein durch Mittel der Rechtsreform — so wichtig sie ist — bewerkstelligen. Das kann vielmehr seitens des Staates nur begrenzt und nur dadurch geschehen, daß die schwindende Motivation zu gemeinnützigem Handeln unterstützt und lohnende Zwecke für den Einsatz privater Mittel „freigelassen werden". Eine Reduzierung der Staatsbewirtschaftung könnte hier — wie auf anderen Gebieten — einiges erreichen und der Pflege eines „Stiftungsklimas" nützlich sein[62]. Auch das Plädoyer für einen eigenen Körperschaftshaushalt, der die Existenz eines selbständigen Stiftungsvermögens deutlicher sichtbar macht[63], könnte positive Auswirkungen auf die Stiftungstätigkeit haben. Damit würde u. a. die Anomalie beseitigt, daß ein Teil der körperschaftseigenen Mittel als „Beiträge Dritter" über den Staatshaushalt laufen. Auch würde der schädlichen Neigung, „schwarze Fonds" zu bilden, entgegengewirkt werden. Hier könnte der Staat insgesamt großzügig verfahren, denn das aufsichtliche Recht der Rechnungsprüfung auch des Körperschaftsvermögens bleibt ja unangetastet.

c) Planungsbeteiligung nach dem Gegenstromprinzip und Detailausführung von Rahmenplänen

44. Möglichkeiten eines Ausgleiches des Selbstverwaltungs- und -planungsdefizits der Hochschulen

Es ist nicht übertrieben, von einer Krise der Hochschulselbstverwaltung zu reden, einer Verzerrung des Kondominiums, die insbesondere durch die jüngste Entwicklung der den Staat schon immer begünstigenden Finanzverfassung bedingt ist. Das gibt Anlaß zu Überlegungen, wie sich Selbstverwaltung wieder herstellen, Wissenschaftsfreiheit als Funktionsgarantie neu formulieren läßt, wie die Anteile des Staates und der Hochschulen an den Entscheidungen über die Finanzierung von Wissenschaft unter den Bedingungen der Planung zugunsten der Hochschulen neu ausbalanciert werden können. Es gilt, den unantastbaren „Kernbereich" der Wissenschaftsfreiheit (Art. 5 III GG) unter veränderten Umständen neu zu bestimmen.

---

[61] *Karpen*, Gemeinnützige Stiftungen, S. 93 f.
[62] *Karpen*, Gemeinnützige Stiftungen, S. 95.
[63] *Bley*, S. 164 f.

45. Funktionelle und materielle Auslegung des Art. 5 III GG

Bei dem Versuch, den „Wesensgehalt" von Wissenschaftsfreiheit, Selbstverwaltung und Autonomie von den accidentia abzuheben, die „institutionelle Garantie der (deutschen) Universität" mit neuem Leben zu füllen, muß allerdings davor gewarnt werden, die Verfassung durch Ableitung einzig richtiger Ergebnisse zu überanstrengen[64]. Glaubwürdigkeit und Nachvollziehbarkeit verfassungsrechtlicher Argumentation werden in Frage gestellt, wenn aus hochstufigen, abstrakten und generellen Verfassungsprinzipien sehr konkrete Folgerungen und Einzelergebnisse als zwingend geboten behauptet werden[65]. So ist es ein zweifelhaftes Unterfangen, angesichts der geschilderten Aufgabenverflechtungen und Zentralisierungstendenzen unter Berufung auf Art. 5 III GG unbestreitbar allein der Hochschulselbstverwaltung zukommende „Aufgabenblöcke" zu bestimmen oder den Hochschulen sogar neue, weitergehende Kompetenzen zu vindizieren. Das gilt etwa für die Studienreform, obwohl hier angesichts der §§ 9 - 11 HRG sehr wohl Anlaß bestünde, der Hochschule größere Entscheidungsrechte zurückzugeben. Es ist auch wenig erfolgversprechend, dem Art. 5 III GG verfassungsrechtliche „Fernwirkungen" auf Finanzverfassung und Hochschulplanung zu exegieren. Auf Vertrauensschutz und Plangewährleistung abzuheben, führt ebensowenig zu dem gewünschten Ergebnis einer Kräftigung der Hochschulautonomie. Man sollte sich vielmehr zunächst realistisch auf den Boden des gegenwärtigen Rechtszustandes stellen, d. h. die Abhängigkeit der Hochschulen von Staatsfinanzierung und -planung anerkennen[66] und Planverflechtungen — in vertikaler, horizontaler und diagonaler Richtung — als ein Faktum ansehen[67], das jedenfalls nicht allein mit Hilfe des Art. 5 III GG aus der Welt geschafft werden kann. Danach muß das durch Interpretation dem Art. 5 III GG entnommene Autonomieverständnis an die besonderen Verhältnisse der Finanz- und Planungsabhängigkeit der Hochschulen angepaßt werden.

Dabei geht es primär um eine Neudefinition des Kondominiums[68], muß sich die Variationsfähigkeit des kondominalen Ansatzes bewähren, der nicht nur ein Modell — das bisher verwirklichte — kennt, sondern flexible Zuordnungen und Alternativen erlaubt.

Solche Erwägungen bewegen sich nicht auf unbeackertem Boden. Häufig sind die veränderten Verhältnisse von Staat und autonomen

---

[64] *Wahl*, Bd. II, S. 150.
[65] *Hesse*, Konrad, Funktionelle Grenzen der Verfassungsgerichtsbarkeit, in: Recht als Prozeß und Gefüge, Festschrift für Hans Huber, Bern 1981, S. 161 bis 271 (263 ff.).
[66] *Pleyer*, S. 161; *Oppermann*, WissR 2 (1969), S. 5.
[67] *Wahl*, Bd. II, S. 129.
[68] *Zeh*, S. 116; *Wahl*, Bd. II, S. 218 f.

Körperschaften, vor allem unter den Bedingungen planerischer Verflechtungen, am Paradigma der kommunalen Selbstverwaltung behandelt worden. Im Gemeinderecht besteht seit langem Anlaß, den „Wesensgehalt" der verfassungsrechtlich geschützten Allzuständigkeit unter den Gefährdungen einer „staatlichen Verplanung" neu zu definieren. Zum einen stiegen der kommunale Finanzbedarf und damit die Abhängigkeit von staatlicher Alimentierung angesichts der Entwicklung von Städtebau und sozialstaatlicher Verpflichtung in eine bisher unbekannte Größenordnung; zum anderen stießen staatliche Fach- und Regionalplanungen vielfach auf bereits ausgeformte örtliche Pläne. Auch ist die verfassungsrechtliche Garantie der Allzuständigkeit[69] (Art. 28 II GG) — ähnlich wie die im Vergleich zu Art. 28 II GG sogar gesetzesvorbehaltsfreie Wissenschaftsfreiheitsgarantie (Art. 5 III GG) — gegenüber staatlichen Ingerenzen abweisend. Von dem Bemühen, den „Wesensgehalt" der Selbstverwaltungsgarantie als Schrankenschranke neu zu bestimmen, legen die Topoi: „dem Staat vorgeordneter örtlicher Lebenskreis", „mittelbare Staatsverwaltung", „politische Verwaltung", „dritte Säule im Staatsaufbau" Zeugnis ab[70].

Den im Bereich des Art. 28 II GG beschrittenen Wegen folgend, sollte sich die Neubestimmung des Kondominiums von Hochschule und Staat von zwei Grundgedanken leiten lassen:

— einmal sollte versucht werden, in funktionellem Verständnis der Wissenschaftsfreiheit durch Mitwirkung an staatlichen Entscheidungen zu ersetzen, was an eigenständigen Aufgaben verloren gegangen ist;

— sodann sollte man — in materiellem Ansatz — auf die Sicherung eines — wenn auch reduzierten — Selbstverwaltungs-, -Finanzierungs- und -Planungsanteils im Rahmen vorgeordneter Entscheidungen und Pläne dringen.

Wenn in beiderlei Hinsicht ein aus dem Übermaßverbot, insbesondere dem Verhältnismäßigkeitsprinzip entwickelter Grundsatz des „universitätsfreundlichen Verhaltens"[71] angewandt werden könnte, ließe sich sehr wohl von einem „Kondominium neuer Art" sprechen.

---

[69] *Stern*, Klaus, Kommentierung des Art. 28 II, in: Bonner Kommentar (Zweitbearbeitung), Hamburg, Stand 1980, Rn. 120 f.

[70] *Scheuner*, Ulrich, Zur Neubestimmung der kommunalen Selbstverwaltung, AfK, Bd. 12 (1973), S. 1 f.; *Wahl*, Bd. I, S. 140 m. w. N.; *Lorenz*, WissR 11 (1978), S. 21.

[71] *Lorenz*, WissR 11 (1978), S. 19 f.

46. Formen der Mitwirkung der Hochschulen
an der Finanzverwaltung und der Planung

Zunächst zur funktionellen Auslegung des Art. 5 III GG. Wenn die traditionelle Unterscheidung akademischer und staatlicher Aufgaben nicht länger durchzuhalten ist und eine Verlagerung von Finanzierungs- und Planungskompetenzen in den Bereich autonomer Entscheidung realistisch nicht zu erwarten ist, so sollte an ihre Stelle die flexible sachangepaßte Zuordnung von wissenschaftlichen und Wirtschafts-, Personal- und Finanzierungsangelegenheiten in einer Zone gemeinsamer Verantwortung treten, die durch wechselseitige Mitwirkungsrechte, durch Anhörungs-, Beteiligungs-, Initiativ- und echte Entscheidungskompetenzen geprägt ist[72]. Es geht um die Kompensation geminderter Kompetenzen durch Mitwirkung, gewissermaßen eine „Verfolgung der nach oben abgewanderten Aufgaben" durch Beteiligung der Hochschulen an der zentralen Verwaltung, Finanzierung und Planung des Hochschulwesens durch den Staat. Die Mitwirkungsformen müßten dem Grad der Betroffenheit angepaßt werden, sich steigernd mit zunehmender Annäherung an den Kernbereich der Wissenschaft. Das ist das Modell der „partizipatorischen" Grundrechtssicherung[73].

Der Grundgedanke dieses neueren, funktionalen oder dynamischen Verständnisses der Selbstverwaltung, sowohl im Bereich des Art. 28 II GG wie des Art. 5 III GG, ist der folgende: Wenn Aufgabenverflechtungen zu breiten Überschneidungsbereichen zwischen autonomen und staatlichen Interessen und Aufgaben führen, so ist der Sinngehalt der Selbstverwaltung im mitverantwortlichen Kondominium zu verwirklichen. Das Leitbild des isolierten Selbstverwaltungsträgers wird abgelöst durch die übergreifende gemeinsame Aufgabenmitverantwortung von Selbstverwaltung und Staatsverwaltung[74].

Zwar dürfen die Bedenken gegen dieses Kompensationsmodell nicht leicht genommen werden. Wenn Mitwirkung als Surrogat anstelle der an sich wünschenswerten, aber nicht oder nur unvollkommen zu verwirklichenden trennscharfen Kompetenzabgrenzung tritt[75], so besteht die Gefahr der Kompetenzverwischung und eines schwer kontrollierbaren, stufenlosen Überganges von intensiverer zu schwächerer Mit-

---

[72] *Wahl*, Bd. I, S. 138 f.

[73] Dazu vor allem *Schmidt-Aßmann*, Eberhard, AöR 101 (1976), S. 520 - 547.

[74] *Weber*, Werner, Entspricht die gegenwärtige kommunale Struktur den Anforderungen der Raumordnung? Empfehlen sich gesetzgeberische Maßnahmen der Länder und des Bundes? Welchen Inhalt sollen sie haben? Gutachten für den 45. Deutschen Juristentag. Verhandlungen des 45. Deutschen Juristentages, München 1964, Bd. I, Teil 5, S. 55 f.

[75] *Wahl*, Bd. I, S. 141 f.

wirkung der Selbstverwaltung an der zentralen Aufgabenerledigung.
Bei der funktionellen Anwendung des Art. 5 III GG kommt hinzu, daß
die Mitwirkung, die Geltendmachung der institutionellen Belange der
Hochschulen gegenüber dem Ministerium — mangels einer Mittelinstanz
— auf einen inadäquaten, weil übermächtigen Partner trifft. Um so
wichtiger ist es, bei der Neuregelung des Kondominiums die differenzierten Formen des Zusammenwirkens[76] an der Verteilung der Aufgaben auf den „Kernbereich", den „Kooperationsbereich" und den „äußeren Bereich" auszurichten. Das Modell der gestuften Mitwirkung ist als
Verallgemeinerung der positiven Rechtslage entstanden; seine Anwendung auf die verschiedenen Selbstverwaltungsbereiche muß jedoch den
jeweiligen Aufgaben und ihren Besonderheiten angepaßt werden. Am
Maßstab einer solchen differenzierten, aufgabenbezogenen Konkretisierung des „Gegenstromverfahrens" gemessen, gibt es in der Hochschulverwaltung, insbesondere der Finanzverwaltung und der Planung
zweifellos einen großen Nachholbedarf.

Zwar ist durch die Einführung der Einheitsverwaltung der Einfluß
der Hochschulorgane auf die Personal- und Wirtschaftsverwaltung erstreckt worden. Als Folge des gewachsenen Umfanges von Auftragsangelegenheiten haben aber zugleich Art und Intensität der Staatsaufsicht zugenommen, ohne daß die Beteiligung der Hochschulen an der
zentralen Verwaltung im Ministerium im gleichen Umfang gewachsen
wäre.

Im Lichte eines neu verstandenen Kondominiums muß ferner eine
sachangemessene — also wissenschaftsorientierte — Anwendung der
Haushaltsgrundsätze auf die Hochschulfinanzierung allererst entwickelt
werden[77]. Bei Forschungsvorhaben führt eine zu strikte Anwendung
des Spezialitätsgrundsatzes zur Festlegung von Mitteln an einer Stelle,
während sie an anderer Stelle fehlen, wirkt also forschungshemmend.
Hier sollte die Pauschalierung erleichtert werden[78]. Ferner: Nach § 15
II HGrG und § 20 II NWLHO können Mittel für deckungsfähig erklärt
werden, „wenn ein verwaltungsmäßiger oder sachlicher Zusammenhang
besteht". Ob die Hochschulfinanzierung durch Anwendung dieser Formel wirklich erleichtert werden kann, hängt nicht zuletzt davon ab, ob
Hochschule und Hochschullehrer an der Aufstellung des Haushaltsplanes beteiligt werden. Da eine Finanzierung der Hochschulen aus eigenem
Vermögen heute unmöglich ist und andere staatsabgelöste Formen der
Finanzierung wenig praktikabel erscheinen[79], kommt es insgesamt

---

[76] *Wolff / Bachof*, VerwR, Bd. II, § 77 V m. e. N.

[77] Siehe oben unter II b 7. Weitere Nachweise bei *Zeh*, S. 107; ferner *Oppermann*, WissR 2 (1969), S. 1 - 13; *Hall*, Die Verwaltung, 1969, S. 153 f.

[78] *Becker / Kluge*, S. 145.

darauf an, der Hochschulselbstverwaltung mehr Einfluß auf die Hochschulfinanzierung zu geben. Dieser Forderung genügt es nicht, wenn
die Mittelbewirtschaftung den Hochschulen als weisungsgebundene
Auftragsverwaltungsangelegenheit überlassen würde. Auch eine Aufteilung der Vermögensverwaltung in eine Selbstverwaltungs- und eine
Staatsverwaltungssphäre ist angesichts der geringen Bedeutung des
Eigenvermögens als Ergänzung wohl sinnvoll, aber keine wirklich sachangemessene Lösung. Die Schaffung eines größeren Dispositionsfonds —
etwa indem man den Hochschulen neben dem Grundstück zusätzliches
Vermögen zur Verfügung stellte — ließe die Sache allerdings in einem
anderen Lichte erscheinen[80]. Die Verwaltung der Finanzen durch ein
aus Vertretern des Staates und der Hochschule bestehendem Organ —
nach Art der Kuratorien[81] der (früheren) Stiftungsuniversitäten — trüge
der geistigen Unabhängigkeit der Hochschulen eher Rechnung[82].

Vor allem wird es darauf ankommen, die finanzwirksamen Planungen der Hochschulen im Verfahren der Haushaltsaufstellung und in
der mittelfristigen Finanzplanung stärker als bisher zur Geltung kommen zu lassen. Dabei ist die erste und wichtigste Frage die, wo und
wann die Fühlungnahme der Staatsverwaltung mit der Universität
einsetzen sollte, damit die Daten, die die Selbstverwaltung zutage för-
dert und bereit hält, in die Akte der staatlichen Verwaltung und Gesetzgebung eingehen können. Sie kann nicht früh genug einsetzen, muß
jedenfalls bei der Abstimmung der Anforderungen des einzelnen
Hochschullehrers und der Fachbereiche mit den Rohansätzen des Haushaltsentwurfes beginnen[83]. Wenngleich Scheven und Pelzner[84] meinen,
eine Mitentscheidung der Selbstverwaltungsorgane in Haushaltsfragen
sei mit dem staatlichen Haushaltsrecht unvereinbar[85], so sehen sie doch
weniger weitgehende Mitwirkungsformen als zulässig an. Je nach dem
Grad der Abhängigkeit einer Sachfrage von wissenschaftsbezogener Be-

---

[79] Dazu *Oppermann*, Kulturverwaltungsrecht, S. 5; *Pleyer*, S. 161 und weiter unten unter 11.

[80] *Pleyer*, S. 178.

[81] Vgl. § 24 NWWissHSG.

[82] *Pleyer*, S. 174, hält die für Bayern gefundene Lösung für die beste, d. h.
die Übertragung der Vermögensverwaltung an einen aus Professoren bestehenden Verwaltungsausschuß, dessen laufende Geschäfte einem geschulten
Verwaltungsbeamten übertragen werden (Kanzler). Pleyer weist auf die Ana-
logie zur Magistratsverfassung hin: Die Masse der laufenden Geschäfte wird
vom Bürgermeister erledigt, während alle wichtigen Angelegenheiten dem
Magistrat zur Beschlußfassung vorgelegt werden.

[83] Vgl. unter II d.

[84] *Scheven / Pelzner*, WissR 6 (1973), S. 44 - 63 (62 f.).

[85] Vgl. § 63 II 3 HRG: Beschlußfassung (des Senats) „im Zusammenhang"
mit der Aufstellung des Haushaltsvoranschlages.

urteilung sollte nach ihrer Meinung den Selbstverwaltungsorganen das Antrags- und Anhörungsrecht, das Recht der Abgabe von Stellungnahmen oder Empfehlungen zugestanden werden. Insoweit hat der Hochschulgrundordnungsgeber die Möglichkeit, die Zuständigkeiten der Kollegialorgane zu erweitern. Ähnliches müßte für die Bewirtschaftung des Haushaltes gelten. Die mangelhafte Beteiligung der Hochschulen an der Bewirtschaftung des Einzelplanes des Kultus- bzw. Wissenschaftsministers[86] widerspricht den allenthalben wirksamen Dezentralisierungstendenzen. Sie gibt Anlaß, die Anregung nicht vorschnell zu den Akten zu legen, die Hochschulen könnten als Körperschaften des öffentlichen Rechts — genau wie die Gemeinden oder die Rundfunkanstalten — nach einer eigenen, den Besonderheiten der Wissenschaft angepaßten Finanzordnung verfahren.

Soweit es die Rechnungskontrolle angeht, sollte das Prinzip „kompensierender Mitwirkung" sich so auswirken[87], daß alle sichtbaren Tendenzen zur Selbstkontrolle der Forschung und des Forschers vor Prüfung durch den Rechnungshof, einschließlich der Idee der Innenrevision, Förderung und Ermutigung verdienen. Denn mangels Vertrautheit mit Aufgaben, Perspektiven und Verfahrensweisen der Wissenschaft erscheinen dem Wissenschaftler die „Vertreter des Geldproblems" immer noch so fragwürdig wie „dem Frontsoldaten im Krieg der Intendanturrat"[88].

47. Materielle Auslegung: Rahmen- und Detailplanung

Gerade im Planungsbereich ist das Phänomen der „Politikverflechtung" offenkundig geworden, und gerade hier verlangt das „Gegenstromverfahren" als Konkretisierung der funktionalen, dynamischen Grundrechtsinterpretation besondere Beachtung. Nur wenn wechselseitige (Plan-)Bindung und Mitwirkung zugleich wirksam werden, kann einseitige Determination — und zwar i. d. R. „von oben" — vermieden werden[89]. Nur wenn beide Seiten gleichwertige Argumentations- und Begründungspositionen haben, kann Planung den Gefahren des angeblich rationelleren „Zugriff mit starker Hand" entrinnen.

Nun entgeht man den Schwierigkeiten der Bestimmung eines absoluten „Kernbereiches" — oder des „Wesensgehaltes" — von Wissenschaftsfreiheit aber nicht dadurch, daß man die Frage der Kompetenzverteilung abschiebt und sich ganz auf die Ausgestaltung von Mitwir-

[86] *Zeh*, S. 113.
[87] *Zeh*, S. 94, 95.
[88] *Becker / Kluge*, S. 146.
[89] *Wahl*, Bd. I, S. 122 ff.

kungsrechten konzentriert[90]. Vielmehr kann und soll man am Gedanken materieller Interpretation des Art. 5 III GG festhalten. Angesichts des faktischen Vorrückens des Staates verhilft der Rückzug auf Minima, auf (derzeit) ganz sichere und unbestreitbare Angelegenheiten der akademischen Selbstverwaltung den Hochschulen allerdings nicht zu einer funktionsgerechten, der Verfassungsgarantie entsprechenden Stellung[91]. Aus der zunehmenden Verflechtung ursprünglich rein staatlicher und rein akademischer Aufgaben lassen sich zwar Mitverantwortung und Mitwirkungsrechte der Hochschulen über den Kernbereich von Forschung und Lehre hinaus ableiten, nicht aber neue absolute Zuständigkeiten[92]. Stattdessen sollten größere Transparenz aller Entscheidungsprozesse, stärkere Mitverantwortung der Hochschulen und eine Verbesserung ihrer Planungs- und Entscheidungsfähigkeit angestrebt werden. Geboten ist nicht die Neuverteilung von Sachmaterien, die gegenständliche Abgrenzung von Aufgabenbereichen. Vielmehr ist der Schwerpunktsetzung nach dem Rahmen-Detail-Schema, der Unterscheidung von Verantwortlichkeiten nach der Regelungsintensität der Vorzug zu geben[93].

Dieses Modell ist aus der Einteilung in (Bundes-)Rahmengesetze und ausführende (Landes-)Gesetze bekannt. Es wurde für die Unterscheidung von Landes- und Regionalplänen fortentwickelt[94], ist aber auch auf andere Planungsgebiete und überhaupt auf Probleme der Aufgabenverteilung bei inhaltlicher Überschneidung übertragbar. Das Rahmen-Detail-Schema ist im Grundsatz eindeutig. Seine Aufgabe ist es, zu verhindern, daß alle wesentlichen Aspekte einer Aufgabe — Ziele und Mittel, auch Verfahrensmodalitäten — zum „Rahmen" gezogen und von der oberen Ebene vorentschieden werden, so daß für die Ausfüllung und Ausführung durch die nachgeordnete Ebene nur noch Unbedeutendes übrigbleibt. Der am Leitbild der Regelungsintensität orientierte Rahmen-Detail-Ansatz verbietet eine Aufsaugung aller Einzelheiten durch den „großen Plan", steht einer — wenn die Raumplanung als Beispiel dienen darf — „parzellenscharfen Flächenbindung" durch den übergeordneten Plan entgegen. Der Gefahr einer Verengung des Entscheidungsraumes der untergeordneten Ebene ist — wie hier deutlich wird — nicht leicht durch eine quantitative Betrachtung zu begegnen,

---

[90] Vgl. dazu *Hesse*, Konrad, Grundzüge des Verfassungsrechts der Bundesrepublik Deutschland, 12. Aufl., Heidelberg, Karlsruhe 1980, S. 140, 141.

[91] *Kisker*, Gunter, Neuordnung des bundesstaatlichen Kompetenzgefüges und Bund-Länder-Planung, Der Staat, Bd. 14 (1975), S. 169 - 199 (170 f.).

[92] *Wahl*, Bd. I, S. 184.

[93] *Kisker*, Gunter, Der Staat, Bd. 14 (1975), S. 170 f.

[94] *Fürst / Hesse*, S. 118 m. N. der bis zu diesem Erkenntnisstand vorgetriebenen rechtswissenschaftlichen Diskussion, die nicht zuletzt durch die zitierten Arbeiten von *Wahl* und *Schmidt-Aßmann* gefördert worden ist.

sondern eher durch die Sicherung eines sachlich breit angelegten Spielraumes für rahmenausfüllende, in dieser Perspektive durchaus konzeptionelle Erwägungen der rahmengebundenen Träger, verbunden mit effektiver Mitwirkung an der Rahmenbestimmung.

Was „noch Rahmen" und „schon Detail" ist, wird sich im Einzelfall freilich nicht leicht entscheiden lassen; aber immerhin standen Rechtspraxis und Rechtsprechung, etwa bei Fragen des Ermessens und der Auslegung von unbestimmten Rechtsbegriffen mit Beurteilungsspielraum, vor ähnlich schwierigen Problemen. Vor allem wird es darauf ankommen, bei der Abschichtung von Rahmen und Detail den Verfassungsgrundsatz des Übermaßverbotes zu beachten[95]. Er steht solchen Eingriffen des Staates in den Bereich der Wissenschaftsfreiheit entgegen, die zur Erreichung der verfolgten Zwecke nicht geeignet oder nicht erforderlich sind oder bei denen ein vernünftiges Verhältnis zwischen der die Hochschulen treffenden Belastung und den für die Ausbildung des staatlichen Hochschulregiments notwendigen verbindlichen Vorentscheidung nicht mehr erkennbar ist.

Die Hochschulen befinden sich — wenn und soweit sie wissenschaftsrelevante Aufgaben erfüllen — stets auf grundrechtsgesichertem Boden. Diese Position wird schon durch die Ausübung staatlicher Bestimmungen tangiert, deren Intensität im konkreten Falle deshalb entsprechend der Nähe zum Kernbereich von Wissenschaft größer oder geringer sein kann und muß. Das Verhältnis des Staates zu den Hochschulen erschöpft sich allerdings nicht in der Beachtung der so bezeichneten grundrechtlichen Schranken, sondern ist darüber hinaus ganz allgemein durch das Gebot zur Rücksichtnahme und Kooperationsbereitschaft bestimmt, woraus eine staatliche Pflicht zur Wahrung und Förderung der Hochschulinteressen — und einem „hochschulfreundlichen Verhalten" — erwächst[96].

Im Lichte des Rahmen-Detail-Schemas bedürfen Recht und Praxis der Hochschulverwaltung einer kritischen Überprüfung. So müßten etwa bei der staatlichen Verantwortung für die Reform von Studiengängen und -plänen, wie sie auf der Grundlage von §§ 8 - 11 HRG in Gang gekommen ist, beachtliche Abstriche zugunsten der akademischen Selbstverwaltung gemacht werden[97]. Aus dem Grundsatz des „univer-

---

[95] BVerfGE 30, 292 (319 f.), E 381, 281 (302 f.); sowie *Lerche*, Peter, Übermaß und Verfassungsrecht, Köln, Berlin 1961, und neuestens: *Hirschberg*, Lothar, Der Grundsatz der Verhältnismäßigkeit, Göttingen 1980.

[96] *Lorenz*, WissR 11 (1978), S. 19 ff.; vgl. auch *Hesse*, Konrad, Der unitarische Bundesstaat, Karlsruhe 1962, S. 5 f.; *Kisker*, Gunter, Kooperation im Bundesstaat, Tübingen 1971, S. 185 u. a.

[97] *Arndt*, Hans-Wolfgang, Studienreform und Studienreformkommission. Zur verfassungsrechtlichen Problematik des § 9 HRG. WissR 12 (1979), S. 213 bis 231 (225) hält § 9 HRG deshalb für verfassungswidrig, weil er den maß-

sitätsfreundlichen Verhaltens" müßten auch gegen überzogene und stark verdichtete Formen der Staatsaufsicht Bedenken erhoben werden.

Im Hinblick auf die Finanzverfassung der Hochschulen[98] ist das Rahmen-Detail-Modell die einzig mögliche Alternative. Die Ausweitung ausschließlich verantworteter Kompetenzen ist insoweit weder realistisch noch tunlich. Die freifinanzierte Hochschule ist eine Utopie. Außerhalb des Staates ist heute nirgendwo mehr eine Finanzmasse sichtbar, die für den Aufbau und die laufende Unterhaltung einer Volluniversität auch nur durchschnittlichen Ranges unerläßlich ist[99]. Die Entwicklung der Naturwissenschaften, die Einrichtung von Forschungsschwerpunkten und Sonderforschungsbereichen beleuchtet diese Erkenntnis hinreichend. Der Weg, den Hochschulen Unabhängigkeit dadurch zu sichern, indem man ihnen — wie im 16./17. Jahrhundert — werbendes Vermögen zur Verfügung stellt, ist heute nicht mehr gangbar[100]. Prinzipiell muß es dabei bleiben, daß Hochschulfinanzverwaltung Kassen-, nicht Wirtschaftsverwaltung ist. Zwar ist es denkbar, das Volumen des Körperschaftsvermögens zu vergrößern[101]. Auch andere Verbesserungen der Finanzausstattung der Hochschulen sind möglich und sinnvoll. Von ihnen allerdings die (Wieder-)Herstellung einer Gleichgewichtslage zwischen Hochschule und Staat im Sinne des alten Kondominiums zu erwarten, ist unrealistisch[102].

Sehr zwiespältig muß auch das Urteil über die durchgängige Einführung des Globalhaushaltes (nach Berliner Vorbild[103]) ausfallen. Er ist eine Form „qualifizierter Finanzautonomie"[104] oder „mittelbarer Staatsfinanzierung", eine Alternative zur alleinigen staatlichen Hochschulfinanzierung wie zur freien Finanzierung. Die Vorteile des Globalhaushaltes liegen auf der Hand: die akademische Körperschaft kann über den Einsatz der pauschal zur Verfügung gestellten Mittel zugleich freier und nach Maßgabe eigener langfristiger Planung entscheiden[105]. Der Haushalt wird von einem als Universitätsorgan amtierenden Kura-

---

gebenden Einfluß auf das Gebiet der Lehre von der Hochschule weg auf Vertreter staatlicher Stellen verlagert; das widerspreche BVerfGE 35, 79 (123); dagegen *Dallinger*, Peter, Studienreformkommissionen verfassungswidrig?, WissR 14 (1981), S. 97 - 111.

[98] Zu den zahlreichen Vorschlägen vgl. *Zeh*, S. 105 f.

[99] *Oppermann*, WissR 2 (1969), S. 5.

[100] *Pleyer*, S. 160 f.; dazu auch *Raiser*, Ludwig, Staatliche Subventionen und akademische Freiheit, DUZ 1953, Heft 15, S. 7.

[101] *Bley*, S. 165.

[102] *Wahl*, Bd. I, S. 121.

[103] §§ 112, 113 Berl. HSG.

[104] *Oppermann*, Kulturverwaltungsrecht, S. 8; *Pleyer*, S. 168.

[105] So schon *Köttgen*, Die Grundrechte, Bd. II, S. 306 und 326; *Pleyer*, S. 153, auch *Bachof*, Jahrreiß-Festschrift, S. 5 f.; *Raiser*, S. 6 und pass.

torium aufgestellt und vollzogen. Die Entscheidungen fallen in größerer Nähe zu den betroffenen Personen. Ein mehrstufiges Verwaltungshandeln (Universität — Kultusminister — Finanzminister — Parlament — Weg zurück zur Hochschule) wird vermieden. Es darf aber nicht übersehen werden, daß auch der Globalhaushalt Teil des Staatsbudgets ist, daß die Haushaltshoheit des Parlaments mithin unangetastet bleibt und die Entscheidungsfreiheit des Kuratoriums in gleichem Maße begrenzt ist. Auch der Globalhaushalt ist konjunkturabhängig, immer an die tatsächliche Finanzentwicklung des Staates gebunden. Die Haushaltsgrundsätze bleiben wirksam; auch die Kontrolle des Rechnungshofes läßt sich nicht umgehen[106]. Unübersehbar sind auch gewichtige Nachteile des Globalhaushaltes: vom Standpunkt der staatlichen Finanzverwaltung ist jeder Globalhaushalt ein besonders verlockendes Objekt linearer Kürzungen, wie in der gegenwärtigen Finanzlage deutlich wird[107]. Er enthebt das Parlament der Notwendigkeit, sich jeden Titel genau anzusehen und für jede Kürzung geradezustehen. Die zusätzliche Belastung der Hochschulorgane mit gravierenden Finanzentscheidungen beschränkt die Konzentration auf Forschung und Lehre noch weiter, als es gegenwärtig schon der Fall ist[108]. Auch sind die Auswirkungen von Verteilungskämpfen innerhalb der Hochschule auf die Funktionsfähigkeit der Selbstverwaltung schwer abschätzbar. Es stellt sich sogar die Frage, ob die Organe der Hochschule gegenüber den eigentlichen Grundrechtsträgern, den Hochschulmitgliedern, eine ausreichende Autorität für die selbständige Aufteilung der Mittel haben[109].

In der Finanzverwaltung kann den Hochschulen bei großzügiger Handhabung der Haushaltsgrundsätze eine größere Dispositionsfreiheit im Detail der (als Rahmen festgelegten) Haushaltsbewirtschaftung gewährt werden[110]. Dabei ist vor allem an der Liberalisierung der Bewirtschaftung von DFG- und Drittmitteln zu erinnern. Auch könnte bei der Hochschulverwaltung ein größerer Fonds für „Unvorhergesehenes" eingerichtet werden, eine Art „Kuratorialfonds" nach dem Vorbild der früheren Fonds für Diätendozenten[111]. Es ist auch zu erwägen, für Forschung und Lehre insgesamt einen Zentraltitel einzu-

---

[106] *Zeh*, S. 109.

[107] Dazu schon *Bachof*, Jahrreiß-Festschrift, S. 5 f.

[108] *Pleyer*, S. 170 f.

[109] Dazu schon *Becker / Kluge*, S. 100. — Acht Hochschullehrer eines Fachbereiches hatten einen Globalzuschuß zu verteilen. Nach dreitägiger Beratung hat man beschlossen, die Mittel so zu quotieren, daß jedes Mitglied des Gremiums ein Achtel des Betrages erhielt. Dieses Beispiel eröffnet keine hoffnungsvollen Perspektiven.

[110] *Lorenz*, WissR 11 (1978), S. 23; *Becker / Kluge*, S. 95 f., vgl. auch BVerfGE 43, 242 (Hamburger Dozentenurteil) zur Frage individueller Forschungsarbeit und individueller Verfügungsmöglichkeit über Haushaltsmittel.

[111] Wie etwa in § 22 I 2 HeHSchG und § 97 I 2, 3 Rh-PfHSG.

richten. Wenn dieser Titel vollends mit dem Titel für die Wiederbeschaffung, Ergänzung und Erneuerung von Forschungs- und Lehrmitteln deckungsfähig wäre, weil alle diese Gegenstände der Forschung und Lehre dienen, würde die Detailbeweglichkeit der Hochschule beträchtlich gestärkt. Ein ähnlicher Effekt ließe sich durch einen zentralen Titel für Vertretungen, Lehraufträge, Gastprofessuren etc. erreichen. Wenn alle Mittel, die dem an den (Zwei-)Jahresrhythmus nicht gebundenen Wissenschaftsbetrieb dienen (einschließlich der Mittel für Bauten, Lehrmittel, Exkursionen), für übertragbar erklärt werden könnten und Ersparnisse, Einnahmen u. ä. einem zur Verfügung der Hochschule stehenden Zentraltitel zugeführt würden, ließen sich Sparsamkeit und Wirtschaftlichkeit eher verwirklichen als durch straffe Rechnungskontrolle. Wenn man schließlich von einer die Entscheidungskraft im Detail stützenden Innenrevision auch keine Wunder erwarten darf, so sollte die staatliche Rechnungskontrolle auch keinem übertriebenen Etatismus huldigen und sich den Blick für die Besonderheiten von Wissenschaft, Wissenschaftlern und Hochschulen nicht trüben lassen. Eine Rechnungskontrolle, die allein nach den Prinzipien der Richtigkeit, Sparsamkeit und Wirtschaftlichkeit des Haushaltsvollzugs verfährt, hemmt die Offenlegung von Drittmitteln und verhindert die richtige Koordination zwischen Außenfinanzierung und staatlicher Alimentierung zum selben Zweck[112].

Nach dem gegenwärtigen Hochschulrecht ist die Bildung eines netzförmigen differenzierten und dezentralisierten Entscheidungssystems nach dem Rahmen-Detail-Schema am ehesten in der Hochschulplanung möglich. Hier scheidet wegen der grundsätzlichen Schranken der Planbarkeit von Wissenschaft, der Notwendigkeit von Planung auf (über-)regionaler und (gesamt-)staatlicher Ebene und der begrenzten Steuerungskapazität der einzelnen Hochschulen eine Ausweisung des absolut selbstverantworteten Planungsraumes von vornherein aus[113]. Andererseits ist auch die zentrale und totale Vorgabe von Zielen und Mitteln aus faktischen und rechtlichen Gründen ausgeschlossen. Sinnvoll ist eine relative (Planungs-)Autonomie der Hochschulen, eine staatliche Rahmenplanung, die Freiräume läßt und der Konsens der Planungsträger über die gemeinsam geplante Entwicklung. Mit dem in §§ 67 - 69 HRG vorgesehenen Rahmen-Detail-Schema verträgt sich weder eine strenge Hierarchisierung der Pläne von oben nach unten noch die deduktive Ableitung von fachlich eingeschränkteren Programmen aus vorgegebenen umfassenden Konzepten[114]. Vielmehr können die (Rah-

---

[112] *Becker / Kluge*, S. 110 f., auch mit wertvollen rechtsvergleichenden Hinweisen..

[113] *Wahl*, Bd. I, S. 74.

[114] *Stern*, Klaus / *Burmeister*, Joachim, Die Verfassungsmäßigkeit eines

men-)Pläne nur Ziele vorgeben, welche die nachgeordneten Träger eigener Planungsbefugnisse (plan-)binden, ihnen jedoch zugleich die (Ziel-)Detaillierung und die Wahl der geeigneten Mittel überlassen. Umfassende Pläne sind überhaupt nur insoweit möglich, als sie vom Detail abstrahieren[115], wollen sie nicht zu inflexiblen Anordnungen werden, die an der sich wandelnden Wirklichkeit und an der Nahsicht der Betroffenen scheitern. Alle Pläne haben daher eine Doppelnatur: sie sind partiell (staatlich) regelnde und partiell (den Hochschulen) Spielraum lassende Entscheidungen. Die kleinsten Bausteine und Elemente setzt letztlich das einzelne Hochschulmitglied, das den Plan nicht eigentlich vollzieht, sondern in seinem Rahmen die Einzelentscheidung trifft. Vom Einzelnen als Planungsträger ist leider wenig die Rede; dabei sind sein Einfallsreichtum, seine Einschätzung der Kräfte und Möglichkeiten vielleicht der wichtigste Planungsfaktor. Je näher der Plan dem Kernbereich von Wissenschaft rückt, desto weiter müssen die Maschen des Planes, desto geringer darf die zulässige Ingerenz des Staates sein; je weiter sich der Plan in den Außenbereich der Wissenschaftsförderung vorschiebt, desto mehr sind Hochschule und Hochschulmitglieder auf Planmitwirkung verwiesen, desto begrenzter sind ihre Fähigkeit und Kompetenzen zur unabhängigen Detailentscheidung[116]. Nur ein solches abgestuftes Ineinander von Rahmen- und Detailplanung entspricht der Selbstverwaltungsgarantie des Art. 5 III GG und dem rechtsstaatlichen Verhältnismäßigkeitsprinzip[117].

d) Stärkung der Entscheidungs- und Planungsfähigkeit der Hochschulen

48. Neubestimmung der Autonomie?

Selbstverwaltungsbefugnisse und Mitwirkungsrechte in bezug auf übergeordnete Entscheidungen fallen den Hochschulen freilich nicht von selbst zu; sie müssen durch eigene Überlegungen, Initiativen, Vorschläge, Planungen vorbereitet werden[118]. Es kommt entscheidend auf die Handlungs-, Verwaltungs- und Planungsfähigkeit der Wissenschaft

---

landesrechtlichen Planungsgebots für Gemeinden, Düsseldorf 1975, S. 11; *Wahl*, Bd. I, S. 77.

[115] *Wahl*, Bd. I, S. 90.

[116] Zu diesem Bild wenig entsprechenden Befund einer „Anziehungskraft der größeren Planung" siehe *Püttner*, Günter / *Schneider*, Franz, Stadtentwicklungsplanung und Kreisentwicklungsplanung im Gefüge öffentlicher Planung, 2. Aufl., Berlin 1974 (Deutsches Institut für Urbanistik, Gutachten), S. 5.

[117] *Wahl*, Bd. I, S. 110.

[118] *Reinhardt*, WissR 5 (1972), S. 7; *Wahl*, Bd. I, S. 151; *Zeh*, S. 136.

an. Nur wenn nicht lediglich auf staatlicher Seite, sondern auch auf der Seite der Wissenschaft eigenständige und möglichst umfassende Zielvorstellungen entwickelt werden, wird erkennbar, wo (schon) Konsens besteht und wo (noch) Dissens herrscht. Nur unter dieser Voraussetzung spielen sich auch Verfahren der gegenseitigen Abstimmung ein und kann letztlich im Einzelfall entschieden werden, wer nach Maßgabe von Verfassung und Gesetz „das letzte Wort haben" muß. Wenn die Wissenschaft Ziele nicht selbständig formuliert, nicht nach sorgfältiger Abwägung der Alternativen geeignete Mittel wählt, kann sie den kohärenten staatlichen Plänen nichts Gewichtiges entgegensetzen[119]. Sachgerechte und gesetzmäßige Abgrenzung der Kompetenzen und umfassende Rationalität der Beziehungen in vertikaler, horizontaler und diagonaler Hinsicht lassen sich nur dann verwirklichen, wenn sich die Planungen auf allen Entscheidungs- und Planungsebenen — vom Bund bis zum Fachbereich — prinzipiell synchron und parallel entwickelt haben, wenn alle Beteiligten zur selbständigen Willensbildung fähig sind[120]. Das gilt für die laufende akademische Verwaltung ebenso wie für die Finanzverwaltung und erst recht für die Planung. Was der institutionalisierten Wissenschaft aus dieser neuen Sicht des Kondominiums im Vergleich zur traditionellen Staat-Hochschul-Zusammenarbeit abverlangt wird, läßt sich am ehesten mit einem Bild erläutern: Bisher wurde jede einzelne Hochschule von der Staatsverwaltung am Zügel geführt; in Zukunft sollte das Hochschulwesen mit einem starken Gurt gelenkt werden, der dann im Hochschulbereich in einzelne Stränge zerlegt wird[121]. Stärkung der Planungs- und Entscheidungsfähigkeit der Wissenschaft bedeutet aber nicht nur verbesserte Selbstverwaltung der Einzelhochschule. Auch auf regionaler und Landesebene wie bei den Institutionen, die Wissenschaft auf Bundesebene repräsentieren, muß rationaler geplant und verwaltet werden. Da liegt aber gegenwärtig noch vieles im Argen.

49. Selbstverwaltung der Hochschule

Die einzelnen Hochschulen, ihre Fachbereiche und Institute müssen allererst beweisen, daß sie imstande sind, ihre zukünftige Entwicklung maßgeblich selbst zu bestimmen. Zur Zeit ist aber die Rahmenplanung des Bundes und der Länder voll entwickelt, die Gesamtplanung der Länder in einem insgesamt befriedigenden Zustand, während die Entwicklungsplanung der Hochschulen — mit wenigen Ausnahmen[122] —

---

[119] *Wahl*, Bd. I, S. 254 f.
[120] *Fürst / Hesse*, S. 119; *Wahl*, Bd. I, S. 130.
[121] *Zeh*, S. 136.
[122] Vgl. etwa den Ersten Bericht zur Entwicklungsplanung der Universität

noch in den Kinderschuhen steckt. Planungsfähigkeit der Hochschule und ihrer Fachbereiche setzt planerisches Denken aller Hochschulmitglieder, vor allem der Hochschullehrer voraus. Entwickelt werden muß die Bereitschaft, in mittel- und langfristigen Perspektiven zu denken und sich auch in gemeinsame Planungen einzufügen[123]. Auch Zusammenarbeit (einer Region) — soweit nach Art. 5 III GG zulässig und tunlich[124] — kann als eine Art horizontaler „autonomer Kumpanei" vertikalen Einfluß und Planungsbindung „von oben" verringern[125].

50. Selbstverwaltung des Hochschulsystems

Um wirkliche Handlungsfreiheit für ein autonomes Hochschulsystem zu erreichen, sollte erwogen werden, die Kooperation, aber auch den Konflikt der Hochschule mit dem Staat auf eine höhere Ebene als diejenige zwischen Staat und einzelner Hochschule zu verlagern. Partner und Gegner der staatlichen Bürokratie könnte eine Vertretungs- und Kooperationseinrichtung zwischen Hochschule und Staat auf Landesebene sein[126]. Sie könnte helfen, den staatlichen Einfluß auf die Einzelhochschule zu neutralisieren, ohne daß der Staat deshalb die Entscheidungsbefugnis für die Grundlinien der Hochschulverwaltung, -finanzierung und -planung aus der Hand geben müßte. Die teilweise widerstreitenden Interessen der einzelnen Hochschulen könnten innerhalb des Hochschulsystems auf einen Nenner gebracht werden.

Eine solche Vermittlungsinstanz müßte sich vor allem in der Finanz- und Wirtschaftsplanung bewähren[127], und zwar nach beiden Seiten. Sie müßte einerseits die finanziellen Bedürfnisse der einzelnen Hochschulen nach wissenschaftsbezogenen Kriterien auszugleichen und zu bündeln versuchen, so daß Überraschungsentscheidungen von hoher Hand ver-

---

Hamburg, Hamburg 1974, auch den HIS-Brief 14 „Finanzplanung der Universität Hamburg für die Jahre 1971 - 1976", Hannover 1971; Aufbauplan II der Universität Bielefeld, Schriften zum Aufbau einer Universität, Nr. 4, Bielefeld 1970; Universität Konstanz, Entwicklungsplan 1975 - 1981/82, Konstanz 1975; Universitätsbeschreibung 1977 der Universität München, Bd. I, Genereller Teil, München 1977.

[123] Dazu *Fischer*, Jürgen / *Hoffer*, Jens / *Rose*, Helmuth, Zur Strategie der Finanzplanung im Hochschulbetrieb, Köln - Berlin 1973; *Albach*, Horst / *Fandel*, Günter / *Schüler*, Wolfgang, Hochschulplanung, Baden-Baden 1978; *Fischer*, Jürgen / *Oehler*, Christoph / *Pohle*, Jochen, Hochschulentwicklungsplanung, München 1975.

[124] §§ 5, 6 HRG; §§ 109, 110 NWWissHSG.

[125] *Wagener*, Frido, System einer integrierten Entwicklungsplanung im Bund, in den Ländern und in den Gemeinden, in: Politikverflechtung zwischen Bund, Ländern und Gemeinden, Berlin 1975, S. 129 - 165 (129 f.).

[126] Wissenschaftsrat, Empfehlungen zur Struktur und Verwaltungsorganisation der Universitäten 1968, S. 35 f.

[127] *Zeh*, S. 103 f.

mieden würden. Andererseits sollte es ihr gelingen, die unter ihrer Mitwirkung festgelegten Grundlinien der staatlichen (Finanz-)Planung gegenüber den einzelnen Hochschulen zu vertreten[128]. Nach Maßgabe des § 6 II HRG, in dem diese organisatorischen Erwägungen einen Niederschlag gefunden haben, sehen einige Landeshochschulgesetze[129] die Bildung von Landeshochschulkonferenzen vor. In allen Ländern haben die — wegen des Übergewichtes der staatlichen Seite verfassungsrechtlich freilich umstrittenen[130] — Landesstudienreformkommissionen für eine wichtige Einzelaufgabe der Hochschulen eine Funktion. Im übrigen bleibt es bei den Landesrektorenkonferenzen[131], die langfristige Überlegungen mit einem als „Plan" zu bezeichnenden Verdichtungsgrad bisher freilich nicht angestellt haben. So bleibt es einstweilen bei dem Übergewicht der Planung im Ministerium.

Früher war umstritten, ob die Hochschulautonomie überhaupt eine über die Arbeit der Westdeutschen Rektorenkonferenz[132] hinausgehende Koordination auf Bundesebene zuließe. Nachdem der Staat als Bund zentral auf das Hochschulwesen Zugriff genommen hat[133], ist es unerläßlich, auch für Formen der autonomen Zusammenarbeit das gesamte Hochschul- und Wissenschaftssystem ins Auge zu fassen[134]. Forschungsschwerpunkte werden in der Deutschen Forschunggemeinschaft und in der Bund-Länder-Kommission für Bildungsplanung und Forschungsförderung[135] entwickelt. Dort — also auf Bundesebene — gibt es auch sonst eine Vielzahl von Prognose-, Planungs- (einschließlich der Finanzplanung) und Entscheidungsinstanzen, wenn man an die Max-Planck-Gesellschaft, den Wissenschaftsrat, die Kultusministerkonferenz, die WRK und vor allem den Planungsausschuß nach dem Hochschulförderungsgesetz[136] denkt. Es sind z. T. rein akademische, z. T.

---

[128] Zur Ausdifferenzierung einer neuen, selbständigen Ebene im raumordnenden Planungssystem (klassisches Beispiel: die Region) vgl. § 5 III ROG (kommunale Zusammenschlüsse) und *Wahl*, Bd. I, S. 118 f., 131.

[129] Vgl. § 13 BerlHSG; § 9 HeHSG.

[130] Vgl. die Kontroverse zwischen *Arndt*, WissR 12 (1979), S. 213 ff. und *Dallinger*, WissR 14 (1981), S. 97 f.

[131] *Gerber*, Hans, Das Recht der wissenschaftlichen Hochschulen in der jüngsten Rechtsentwicklung, Bd. I, Tübingen 1965, S. 11.

[132] *Gerber*, Bd. I, S. 10 f.

[133] Art. 75 Nr. 1 a GG, HRG, BAFöG, GradFöG.

[134] Vgl. etwa die Forderung der WRK, eine „Bundeshochschulkonferenz" als zentrale Repräsentation der Hochschulen gegenüber Bund und Ländern zu gründen. 84. Plenarversammlung vom 2./3. 11. 1970, DUZ 1970, Nr. 22, S. 14.

[135] Art. 91 b GG, Verwaltungsabkommen zwischen Bund und Ländern vom 25. 6. 1970 und 28. 11. 1975, abgedr. in Handbuch für die Kultusministerkonferenz 1977, S. 266 f. und 279 f.

[136] Art. 91 a GG, HBFöG vom 1. 9. 1969 (BGBl. I, 1556) mit mehreren Novellierungen.

gemischt staatlich-akademische Einrichtungen[137]. Bisher fehlt allerdings eine einflußreiche Institution der Hochschul- und Finanzplanung nach Art des englischen University Grants Committee[138], ein unabhängiges, akademisch-gesellschaftlich besetztes Kuratorium auf Gesamtstaatsebene. Wenngleich der Wissenschaftsrat in mancher Hinsicht vergleichbare Aufgaben und auch eine vergleichbare Reputation besitzt, so ermangelt er doch des Einflusses auf den Planvollzug.

51. Selbstverwaltung der Wissenschaft?

Wenn der gegenwärtig bestehende organisatorische Dschungel der Ausschüsse, Kommissionen, Konferenzen gelichtet würde, bestünde gewiß eine gute Chance, ein von Art. 5 III GG gestütztes und legitimiertes zentrales Planungs- und Entscheidungsgremium zu bilden, das den Staat in neuer Form kondominal an die Seite treten könnte. Das muß nicht bedeuten, daß Wissenschaft sich als selbständige politische Kraft, als „vierte Gewalt", konstituiert, wie es Schelsky[139] vorschwebt. Aber es könnte bewirken, daß Wissenschaft wieder Gelegenheit erhielte, in akademischen wie in äußeren (und hier besonders in finanziellen) Angelegenheiten, in Selbstbestimmung und Mitbestimmung dem Staat Paroli zu bieten.

---

[137] Dazu Wolff / Bachof, VerwR, Bd. II, § 93 VIII.

[138] Dazu Higher Education, Report of the Committee appointed by the Prime Minister under the Chairmainship of Lord Robbins (1961 - 63) („Robbins-Report"), London (reprinted) 1968; pp. 56, 63, 395 ff.; dazu auch Becker / Kluge, S. 113 f.

[139] Die politische Aufgabe der Wissenschaft, in: Abschied von der Hochschulpolitik oder die Universität im Fadenkreuz des Versagens, Bielefeld 1969, S. 178 - 211 (196).

Literaturverzeichnis

Albach, Horst / *Fandel*, Günter / *Schüler*, Wolfgang: Hochschulplanung, Baden-Baden 1978

Arndt, Hans-Wolfgang: Studienreform und Studienreformkommissionen. — Zur Verfassungsrechtlichen Problematik des § 9 HRG, WissR 12 (1979), S. 213 - 231

Avenarius, Hermann: Sonderforschungsbereiche und Hochschulen. — Zum Regierungsentwurf eines Hochschulrahmengesetzes, WissR 4 (1971), S. 252 bis 258

— Zur Wissenschaftsfreiheit in den neuen Hochschulgesetzen. — Die Rechtslage nach dem Hochschulrahmengesetz und den neuen Länderhochschulgesetzen, WissR 13 (1980), S. 43 - 59

Bachof, Otto: Überlegungen zu einer Verwaltungsreform der deutschen Hochschulen, in: Carstens, Karl und Peters, Hans (Hrsg.), Hochschulrechtliche Aufsätze aus der Festschrift für Hermann Jahrreiß, Köln, Berlin 1965

Bahro, Horst: Das Hochschulzulassungsrecht in der Bundesrepublik Deutschland (Komm.), Köln, Berlin 1981

Bartels, Hans G.: Über Hochschulhaushalte und deren Vergleichbarkeit, WissR 5 (1972), S. 124 - 135

Becker, Hellmut / *Kluge*, Alexander: Kulturpolitik und Ausgabenkontrolle. — Zur Theorie und Praxis der Rechnungsprüfung, Frankfurt a. M. 1960

Bender, Gisela: Forschungseinrichtungen der Hochschule, in: HdbWissR, S. 919 - 947

Bley, Helmar: Die Universitätskörperschaft als Vermögensträger, dargestellt am Beispiel der Universität Freiburg i. Br., Freiburg 1963

Bolsenkötter, Heinz (Wibera-Projektgruppe): Ökonomie der Hochschule, Die Hochschule als Dienstleistungsbetrieb, Bde. 1 - 3, Baden-Baden 1976

Campenhausen, Axel Frhr. von / *Lerche*, Peter: Deutsches Schulrecht, Sammlung des Schul- und Hochschulrechtes des Bundes und der Länder, 3 Bände, Percha, Stand: 1. 3. 1982

Dallinger, Peter: Studienreformkommissionen verfassungswidrig?, WissR 14 (1981), S. 97 - 111

Dallinger, Peter / *Bode*, Christian / *Dellian*, Fritz: Hochschulrahmengesetz, Kommentar, Tübingen 1978

Dorn, Heinz: Möglichkeiten und Grenzen der Prüfung von Ausgaben für Forschung durch Rechnungshöfe, WissR 11 (1978), S. 63 - 69

Fischer, Jürgen / *Hoffer*, Jens / *Rose*, Helmuth: Zur Strategie der Finanzplanung im Hochschulbetrieb, Köln — Berlin 1973

Fischer, Jürgen / *Oehler*, Christoph / *Pohle*, Jochen: Hochschulentwicklungsplanung, München 1975

Flämig, Christian: Effizienzkontrolle der Hochschulforschung, in: Bilanz einer Reform, Denkschrift zum 450jährigen Bestehen der Philipps-Universität zu Marburg, 1977

— Bemessung von Forschungsleistungen, in: Forum des Hochschulverbandes, Heft 16, Bonn — Bad Godesberg Sept. 1978

— Organisation der Forschung — Grundbedingung für eine leistungsfähige Forschung an den wissenschaftlichen Hochschulen?, in: Die Rolle der Forschung in wissenschaftlichen Hochschulen, Beiheft 7 der Zeitschrift WissR, Tübingen 1979, S. 43 - 62

— Wissenschaftsstiftungen, in: HdbWissR, S. 1197 - 1234

Frey, René L.: Infrastruktur, Grundlagen der Planung öffentlicher Investitionen, 2. Aufl., Tübingen, Zürich 1972

Fürst, Dietrich / *Hesse*, Joachim Jens: Landesplanung, Düsseldorf 1981

Gerber, Hans: Das Recht der wissenschaftlichen Hochschulen in der jüngsten Rechtsentwicklung, Bde. 1, 2, Tübingen 1965

— Hochschulautonomie und Oktroi. — Eine grundsätzliche Bemerkung zum baden-württembergischen Hochschulgesetz, WissR 1 (1968), S. 133 - 143

Großkreutz, P. / *Hailbronner*, K. / *Ipsen*, K. / *Walter*, H.: Kommentar zum Hochschulrahmengesetz, Hamburg, Stand 1979

Häberle, Peter: Grundrechte im Leistungsstaat, VVDStRL 30 (1971), S. 43 ff.

— Verfassung als öffentlicher Prozeß: Materialien zu einer Verfassungstheorie der offenen Gesellschaft, Berlin 1978

Hailbronner, Kay: Die Freiheit der Forschung und Lehre als Funktionsrecht, Hamburg 1979

Hall, Karl-Heinrich: Hochschulfinanzverfassung und Haushaltsreform. Überlegungen zu den Auswirkungen der geplanten Haushaltsreform in Bund und Ländern auf die Finanzverfassung der Hochschulen, Die Verwaltung, 1969, S. 153 - 173

— Zur Finanzverfassungsreform der Hochschulen, DUZ 1970, Heft 19, S. 7 bis 12

Handbuch des Wissenschaftsrechts (HdbWissR), hrsg. von Christian Flämig (u. a.), Berlin, Heidelberg, New York 1982, Band I (875 S.), Band II (S. 880 bis 1482)

Handbuch für die Kultusministerkonferenz 1977, Verwaltungsabkommen zwischen Bund und Ländern vom 25. 6. 1970 und 28. 11. 1975, S. 266 f. und S. 279 f.

Heckmann, Lothar: Drittmittelforschung, in: HdbWissR, S. 966 - 991

Hesse, Konrad: Der unitarische Bundesstaat, Karlsruhe 1962

— Grundzüge des Verfassungsrechts der Bundesrepublik Deutschland, 13. Aufl., Heidelberg, Karlsruhe 1982

— Funktionelle Grenzen der Verfassungsgerichtsbarkeit, in: Recht als Prozeß und Gefüge, Festschrift für Hans Huber, Berlin 1981

Hirschberg, Lothar: Der Grundsatz der Verhältnismäßigkeit, Göttingen 1980

Jochimsen, R.: Theorie der Infrastruktur, Grundlagen der marktwirtschaftlichen Entwicklung, Tübingen 1966

Karpen, Ulrich: Aus der Geschichte der Universität zu Köln, in: Wilhelm Katner (Hrsg.), Die Universität zu Köln 1919 - 1969, Berlin — Basel 1969, S. 2 - 5

— Planung des Hochschulwesens und Grundgesetz, in: Karpen, Ulrich / Knemeyer, Franz-Ludwig, Verfassungsprobleme des Hochschulwesens, Paderborn 1976

— Parlamentarische Kontrolle der Hochschulplanung, Zeitschrift für Politik, Jg. 24, Heft 3, 1977, S. 262 - 290

— Hochschullehrernachwuchs und Forschungssicherung, in: Forum des Hochschulverbandes, Heft 9, 5. Aufl., Bonn-Bad Godesberg, Juni 1979

— Hochschulplanung und Grundgesetz, (unveröff.), Kölner Habilitationsschrift, 1980

— Gemeinnützige Stiftungen im pluralistischen Rechtsstaat; Neuere Entwicklungen des amerikanischen und deutschen Stiftungs-(Steuer-)rechtes, Frankfurt 1980

— Mitbestimmung in Körperschaftsorganen und im Personalrat. — Ein Beitrag zum Problem der Inkompatibilität, DÖV 1982, Heft 3, S. 89 - 98

— Hochschulplanung, in: HdbWissR, S. 196 - 226

— Die Finanzverfassung der Hochschulen angesichts der gegenwärtigen Haushaltslage, in: Verwaltungsarchiv, 73. Band, 1982, Heft 4, S. 405 - 437

— (Hrsg.), Verfassungsrechtliche Fragen des Hochschulzuganges — Constitutional Aspects of Access to Higher Education, Beiheft 6 der Zeitschrift WissR, Tübingen 1978

Kewenig, Wilhelm A.: Hochschulen und Rechnungshöfe, DUZ 1978, S. 362 bis 365

Kimminich, Otto: Hochschule im Grundrechtssystem, in: HdbWissR, S. 56 - 90

— Die Rechtsgestalt der Hochschulen, in: HdbWissR, S. 141 - 149

Kisker, Gunter: Kooperation im Bundesstaat, Tübingen 1971

— Neuordnung des bundesstaatlichen Kompetenzgefüges und Bund-Länder-Planung, Der Staat, Bd. 14 (1975), S. 169 - 199

Klein, Hans H.: „Demokratisierung" der Universität?, Göttingen 1968 (Schriften des Hochschulverbandes, H. 21)

Knemeyer, Franz-Ludwig: Garantie der Wissenschaftsfreiheit und Hochschulreform, JZ 1969, S. 780 - 783

— Hochschulautonomie, in: HdbWissR, S. 150 - 169

Knies, Wolfgang: Die Etats der Hochschulen — es ist noch Luft drin, Hochschulpolitische Informationen, Jg. 1982, Heft 13, S. 3

Kommentar zum Bonner Grundgesetz (Bonner Kommentar), Zweitbearbeitung, Hamburg, Stand 1980

König, Eberhard / *Troge*, Andreas: Die eigentümliche Ökonomie der Hochschulbürokratie. — Einige Beispiele aus Bayern, WissR 13 (1980), S. 127 bis 154

Köttgen, Arnold: Die Freiheit der Wissenschaft und die Selbstverwaltung der Universität, in: Neumann, Franz L. / Nipperdey, Hans Carl / Scheuner, Ulrich, Die Grundrechte, Handbuch der Theorie und Praxis der Grundrechte, Bd. 2, Berlin 1954, S. 291 - 329

— Wesen und Rechtsform der Gemeinden und Gemeindeverbände, in: Handbuch der kommunalen Wissenschaft und Praxis, Bd. 1, Berlin, Göttingen und Heidelberg 1956, S. 185 - 234

Kries, Wulf von: Phasenweise Förderung von Forschungs- und Entwicklungsprojekten, WissR 7 (1974), S. 1 - 13

Krüger-Spitta, Wolfgang / *Bronk*, Horst: Einführung in das Haushaltsrecht und die Haushaltspolitik, Darmstadt 1973

Lerche, Peter: Übermaß und Verfassungsrecht, Köln, Berlin 1961

Letzelter, Franz: Die Deutsche Forschungsgemeinschaft, in: HdbWissR, S. 1180 - 1196

Letzelter, Franz / *Reinermann*, Heinrich (Hrsg.): Wissenschaft, Forschung und Rechnungshöfe, Wirtschaftlichkeit und ihre Kontrolle, Berlin 1981 (Schriftenreihe der Hochschule Speyer [Tagungsband])

Lith, Ulrich van: Die Kosten der akademischen Selbstverwaltung. Eine vergleichende Untersuchung über den Zeitaufwand und die Kosten der Gremientätigkeit an vier deutschen Universitäten, München 1979

Lorenz, Dieter: Die Rechtsstellung der Universitäten gegenüber staatlicher Bestimmung, WissR 11 (1978), S. 1 - 23

Maack, Heinrich: Grundlagen des studentischen Disziplinarrechtes, Freiburg 1956

Mäding, H.: Infrastrukturplanung im Verkehrs- und Bildungssektor, Baden-Baden 1978

Mallmann, Walter / *Strauch*, Hans-Joachim: Die Verfassungsgarantie der freien Wissenschaft als Schranke der Gestaltungsfreiheit des Hochschulgesetzgebers, Bonn-Bad Godesberg 1970

Mangoldt, Hans von: Universität und Staat: Zur Lage nach dem Hochschulrahmengesetz (Recht und Staat in Geschichte und Gegenwart Nr. 488/489), Tübingen 1979

Maunz, Theodor / *Dürig*, Günter / *Herzog*, Roman / *Scholz*, Rupert: Grundgesetz, Kommentar, München, Stand 1982

Maurer, Hartmut: Zur Rechtsstellung der Fachbereiche, WissR 10 (1977), S. 193 - 218

Mayer, Franz: Von der Rechtsnatur der Universität, Regensburg 1967

Meinecke, Manfred: Rechtsfragen der Gewährung und Rückforderung von Zuwendungen gemäß §§ 23, 44 BHO, WissR 12 (1979), S. 29 - 52

Meusel, Ernst-Joachim: Zur organisationsrechtlichen Stellung des „Administrators" in Wissenschaftseinrichtungen, WissR 11 (1978), S. 97 - 114

Molter, Dierk: Raumordnung und Finanzplanung, Baden-Baden 1975

Müller, Burkhart: Zentrale Wissenschaftliche Einrichtungen, in: HdbWissR, S. 1046 - 1068

Müller-Gastel, Thomas: Rechtliche Probleme der Sonderforschungsbereiche. Eine Untersuchung über die Förderung und Planung der Hochschulforscher im Spannungsfeld des Bundesstaates, Diss. iur. Berlin 1975

Neuhoff, Klaus: Stiftungen an Universitäten und Hochschulen, WissR 3 (1970), S. 19 - 35

Oppermann, Thomas: Hochschulfinanzierung — Status, Tendenzen und Chancen (Referat bei der 62. Vollversammlung der WRK am 21. 5. 1968 in Saarbrücken), WissR 2 (1969), S. 1 - 13

— Kulturverwaltungsrecht, Tübingen 1969

— Zur Finanzkontrolle der Stiftung Volkswagenwerk, Frankfurt a. M. 1972

— Selbstverwaltung und staatliche Verwaltung, in: HdbWissR, S. 251 - 280

— Die staatliche Hochschulaufsicht, in: HdbWissR, S. 379 - 398

Ossenbühl, Fritz: Welche normativen Anforderungen stellt der Verfassungsgrundsatz des demokratischen Rechtsstaates an die planende staatliche Tätigkeit? Gutachten für den 50. Deutschen Juristentag, München 1974, Bd. I, Teil B, S. 72 f.

Patzig, Werner: Das Haushaltsrecht des Bundes und der Länder, Baden-Baden 1981

Piduch, Erwin Adolf: Bundeshaushaltsrecht, Loseblatt-Kommentar, Stuttgart, Berlin, Stand 1981, Bd. 2

Pleyer, Klemens: Die Vermögens- und Personalverwaltung der deutschen Universitäten, Marburg 1955

Püttner, Günter / *Schneider*, Franz: Stadtentwicklungsplanung und Kreisentwicklungsplanung im Gefüge öffentlicher Planung, 2. Aufl., Berlin 1974 (Deutsches Institut für Urbanistik)

Raiser, Ludwig: Staatliche Subventionen und akademische Freiheit. — Ökonomische und organisatorische Probleme der freien Forschung, DUZ 1953, Heft 15, S. 7 - 10

— Die Universität im Staat, Heidelberg 1958

Reich, Andreas: Hochschulrahmengesetz, Kommentar, 2. Aufl., Bad Honnef 1979

Reinhardt, Rudolf: Autonomie, Selbstverwaltung, Staatsverwaltung in der Universität. — Unter besonderer Berücksichtigung des Hessischen Hochschulgesetzes vom 16. Mai 1966 (HessHochschulG), WissR 1 (1968), S. 6 - 27

— Entwicklungstendenzen im Hochschulrecht, WissR 5 (1972), S. 1 - 16

Reuhl, Günter: Wissenschaftsfreiheit und Kulturstaatsprinzipien, WissR 13 (1980), S. 236 - 251

Robbins-Report: Higher Education, London (reprinted) 1968

Roellecke, Gerd: Berufungsvereinbarungen und Organisationsgewalt, WissR 9 (1976), S. 1 - 27 und S. 141 - 161

Röken, Heribert: Der leitende Verwaltungsbeamte bei den wissenschaftlichen Hochschulen Nordrhein-Westfalens, Schriftenreihe der Gesellschaft der Freunde der Universität Dortmund e. V., Heft 3/1968

Rupp, Hans Heinrich: Die Stellung der Studenten in der Universität, VVDStRL 27 (1969), S. 113 - 141

— Deutsches Hochschulwesen der Gegenwart, in: HdbWissR, S. 38 ff.

Seifart, Werner: Stiftung und Rechnungskontrolle, in: Letzelter und Reinermann, Wissenschaft, Forschung und Rechnungshöfe, Wirtschaftlichkeit und ihre Kontrolle, S. 282 - 296/308

Sigg, Wolfgang: Die Stellung der Rechnungshöfe im politischen System der Bundesrepublik Deutschland. — Zugleich ein Beitrag zur Finanzkontrolle der Universitäten, Berlin 1983

Smend, Rudolf: Das Recht der freien Meinungsäußerung, in: VVDStRL 4 (1928), S. 44 - 73

Scharpf, Fritz W. / *Reissert*, Bernd / *Schnabel*, Fritz: Politikverflechtung: Theorie und Empirie des kooperativen Föderalismus in der Bundesrepublik, Kronberg 1976

Schelsky, Helmut: Einsamkeit und Freiheit, Reinbek 1963
— Abschied von der Hochschulpolitik oder Die Universität im Fadenkreuz des Versagens, Bielefeld 1969

Scheuner, Ulrich: Zur Neubestimmung der kommunalen Selbstverwaltung, AfK, Bd. 12 (1973), S. 1 - 44

Scheven, Dieter / *Pelzner*, Norbert: Hochschulrechtliche Aspekte der Gesamthochschulen in Nordrhein-Westfalen, WissR 6 (1973), S. 44 - 63

Schmidt-Assmann, Eberhard: Verfassungsrechtliche und verwaltungspolitische Fragen einer kommunalen Beteiligung an der Landesplanung. — Zur Auslegung und Fortentwicklung des § 5 Abs. 2 und 3 BROG, AöR 101 (1976), S. 520 - 547

Schmitt Glaeser, Walter: Die Freiheit der Forschung, WissR 7 (1974), S. 107 bis 134 und S. 177 - 192

Schuster, Hermann-Josef: Veränderte Anforderungen an die Hochschulverwaltung, WissR 6 (1973), S. 243 - 266
— Leitungs- und Verwaltungskompetenzen, in: HdbWissR, S. 281 - 302
— Haushaltsrecht, in: HdbWissR, S. 327 - 355
— Allgemeine Verwaltung, in: HdbWissR, S. 356 - 378

Schuster, Hermann-Josef / *Graf Stenbock-Fermor*, Friedrich: Überlegungen zur Eigenart der Hochschulverwaltung, WissR 1 (1968), S. 28 - 46

Stern, Klaus / *Burmeister*, Joachim: Die Verfassungsmäßigkeit eines landesrechtlichen Planungsgebots für Gemeinden, Düsseldorf 1975

Stifterverband (Hrsg.): Förderung wissenschaftlicher Spitzenleistungen, Begründungen und Wege (Villa-Hügel-Gespräch) Essen 1981, S. 9 ff.

Strauch, Hans Joachim: Staatliche und akademische Prüfungsordnungen, Hamburg 1978

Tettinger, Peter J.: Zur Rechtsstellung von „Instituten an der Universität", in: Forum des Hochschulverbandes, Heft 20, Bonn-Bad Godesberg, Mai 1980, S. 46 f.
— Forschungseinrichtungen an der Hochschule, in: HdbWissR, S. 948 - 965

Thieme, Werner: Grundprobleme des Hochschulrechts, Darmstadt 1978
— Organisationsstrukturen der Hochschulen, in: HdbWissR, S. 170 - 195

Vogel, Klaus: Verfassungsrechtliche Grenzen der öffentlichen Finanzkontrolle, DVBl. 1970, S. 193 - 200

Wagener, Frido: System einer integrierten Entwicklungsplanung im Bund, in den Ländern und in den Gemeinden, in: Politikverflechtung zwischen Bund, Ländern und Gemeinden, Berlin 1975, S. 129 ff.

Wahl, Rainer: Rechtsfragen der Landesplanung und Landesentwicklung, Bände I und II, Berlin 1978

Waibel, Wolf-Wilhelm: Rechtsprechungsübersicht, WissR 4 (1971), S. 259 - 269

— Rechtsprechungsübersicht, WissR 5 (1972), S. 258 - 276

Watrin: Ökonomische Aspekte des Hochschulwesens, in: HdbWissR, S. 227 bis 248

Weber, Werner: Aktuelle Probleme der Kommunalaufsicht, Berlin 1963

— Entspricht die gegenwärtige kommunale Struktur den Anforderungen der Raumordnung? Empfehlen sich gesetzgeberische Maßnahmen der Länder und des Bundes? Welchen Inhalt sollen sie haben? Gutachten für den 45. Deutschen Juristentag. Verhandlungen des 45. Deutschen Juristentages, München 1964, Bd. I, Teil 5

Wende, Erich: Grundlagen des Preußischen Hochschulrechtes, Berlin 1930

Westdeutsche Rektorenkonferenz (WRK): Eine Bundeshochschulkonferenz als zentrale Repräsentation der Hochschulen gegenüber Bund und Ländern zu gründen. 84. Plenarversammlung vom 2./3. 11. 1970, DUZ 1970, Nr. 22, S. 14 ff.

Wissenschaftsrat: Anregungen zur Gestalt neuer Hochschulen, 1962

— Empfehlungen zur Struktur und Verwaltungsorganisation der Universitäten, 1968

— Empfehlungen zur Forschung und zum Mitteleinsatz in den Hochschulen, 1979

— Forschung mit Mitteln Dritter, 1982

Wolff, Hans J.: Die Rechtsgestalt der Deutschen Universität, Köln und Opladen 1956

Wolff, Hans J. / *Bachof*, Otto: Verwaltungsrecht I, 9. Aufl., München 1974

— / — Verwaltungsrecht II, 4. Aufl., München 1976

— / — Verwaltungsrecht III, 4. Aufl., München 1978

Zacher, Hans F.: Hochschulrecht und Verfassung, Göttingen 1973

Zeh, Wolfgang: Finanzverfassung und Autonomie der Hochschule; Hochschulfinanzierung und Spannungsfeld von Wissenschaft, Gesellschaft und Staat, Berlin 1973

Zunker, Albrecht: Finanzplanung und Bundeshaushalt, Frankfurt a. M. 1972

Sachwortverzeichnis

Printed by Libri Plureos GmbH
in Hamburg, Germany